STATOLATRIE

ou

LE COMMUNISME LÉGAL.

PARIS. IMPRIMÉ PAR PLON FRÈRES

RUE DE VAUGIRARD, Nº 36.

STATOLATRIE

OU

LE COMMUNISME LÉGAL

PAR L'AUTEUR

DE LA *SOLUTION DE GRANDS PROBLÈMES.*

« Serons-nous encore l'affaire de l'État,
ou l'État sera-t-il notre affaire! »

PARIS.

LIBRAIRIE DE JACQUES LECOFFRE ET Cie

RUE DU VIEUX-COLOMBIER, N° 29

1848

AUX PEUPLES.

INTRODUCTION.

Peuples, vous avez démoli en quelques mois ce que le génie de l'erreur avait mis trois siècles à construire : une société égoïste, matérielle, immorale, sans respect pour Dieu, sans entrailles pour les masses. Rien n'est comparable à votre célérité dans le travail, si ce n'est votre modération. Gloire au grand proscrit de la politique moderne, au Christ marchant à votre tête ! Lui seul a pu abréger la lutte en répandant l'esprit de vertige et de faiblesse sur ceux qui se confiaient dans leur sagesse et dans leur force : seul il a consolidé votre victoire en la tempérant par la clémence du mépris (1).

Maintenant, peuples, il s'agit de vous reconstituer. A qui confier cette tâche? C'est là, vous dit-on, l'œuvre des grands hommes. Très-heureusement les grands hommes vous manquent. Hé, que sauraient-ils faire, les grands hommes, sinon reconstruire le passé, vous imposer encore leur volonté, leur raison, le pouvoir de l'homme sur l'homme, c'est-à-dire la servitude ?

---

(1) *Effusa est contemptio super principes; et errare fecit eos in invio et non in via.* Ps. cvi, v. 40. — Le verset suivant n'est pas moins remarquable : *Posuit sicut oves familias.*

Peuples chrétiens, le monde n'a encore vu qu'un génie vraiment constituant. C'est celui dont vous portez le nom, celui dont la parole, survivant à toute parole, peut seule rouvrir vos esprits aux lumières du vrai, et faire palpiter vos cœurs au souffle divin des vertus. Au Fils de l'homme de vous donner la loi de tous et de chacun, parce que tous, individus et peuples, vous êtes son œuvre. A lui, à lui seul confiance, soumission, amour, parce que, mort une fois pour le salut de tous, il trône sur l'humanité, et que son trône doit subsister après tous les trônes.

Aînées du genre humain, affranchies les premières par le Christ pour servir à l'affranchissement général, nations de l'Europe, vous avez trop oublié le code de la *liberté parfaite* (1); et peu contentes de l'oublier, vous avez laissé vos gouvernants lui substituer le principe du plus abject, du plus écrasant despotisme.

J'entreprends de vous remettre sous les yeux, en quelques pages, ces deux œuvres, l'une de vie, l'autre de mort. Par là vous pourrez vous orienter dans le grand travail de votre réorganisation politique; par là vous éviterez le malheur de relever, dans le désert du Sinaï, les idoles de l'Égypte que Dieu a brisées par vos mains.

Ouvrez donc sans retard ce petit livre; livre plein de vérités fortes, amères, entassées avec ordre, mais sans art, sans apprêt; livre tout de faits et de principes, carte routière esquissée pour tous, car tous

(1) Ep. B. Jac., 1, 25.

parmi vous, ceux même qui gisent encore dans la terre de servitude, devront rompre bientôt les chaînes qui les amarrent au passé.

Ce livre s'adresse surtout à toi, notre chef de file dans la voie des révolutions! à toi, peuple pilote, dont les rapides manœuvres peuvent, d'un instant à l'autre, faire cingler vers le port ou sombrer dans les flots le grand convoi humanitaire.

Ce livre, Français, je l'ai écrit, comme vous révolutionnez, avec la rapidité du télégraphe, tant je crains que vous ne donniez une constitution à l'Europe, comme vous lui avez donné une révolution, en quelques heures.

Votre révolution, je suis loin de la blâmer. Dieu l'a faite (1). Elle est un prodige, un vrai prodige. Aux peuples qui, de peur de glisser dans le sang, n'osaient répondre à l'appel du moderne Moïse et braver les prestiges des Pharaons et des magiciens de la diplomatie, vous avez montré comment trente-cinq millions d'hommes peuvent en un jour traverser à pied sec la mer Rouge des révolutions.

Elle est donc la meilleure des révolutions; mais elle en sera la pire si elle ne donne pas son fruit, attendu l'éternelle devise de tout ce qui nous vient d'en haut : Vie à celui qui en use! mort à qui en abuse!

Ce fruit, c'est l'heureuse réalisation du principe

_____

(1) Si Dieu ne l'a pas faite, qu'on nous nomme donc le père de la République.

dont les partis ne nous ont donné jusqu'à ce jour que de perfides, de violentes, d'infâmes exploitations. C'est la vraie liberté, restée ensevelie au fond de la boîte d'où s'exhalent tous nos maux, savoir : les libertés fausses, mensongères, parce qu'elles sont incomplètes ; les libertés injustes, turbulentes, persécutrices, parce qu'elles ne sont pas pour tous et qu'elles manquent d'air et d'espace.

L'ordre moral, fondement de l'ordre politique, ne peut se reconstruire que sur le vaste terrain de l'égalité légale. Nous avons donc besoin de toutes les libertés compatibles avec l'ordre matériel.

Ce principe de vie pour tous, il est indispensable que la constitution française en commence l'heureuse évolution. C'est l'unique moyen de prévenir une révolution nouvelle, c'est-à-dire la mort du principe ; et la mort du principe, sauf un miracle que Dieu pourrait bien nous refuser, ce serait la mort universelle, précédée d'une affreuse agonie.

Peuple capable des plus grandes choses, quand tu ne consultes que tes nobles instincts (le Dieu qui te les a donnés étant alors avec toi), la préface et le livre que je t'offre sont tout dans ces mots : Songe à ce que tu es, à ce que tu as été, à ce que tu as fait, à ce que tu dois être, et, sans t'égarer dans de longues discussions, tu sauras ce que tu dois faire !

Comment acquérir la plus difficile des connaissances, la connaissance de toi-même ? Tu le sais : fermer l'oreille aux flatteurs ; l'ouvrir aux ennemis, aux envieux, aux indifférents. Ceux-ci vont parler : moi,

qui crois te connaître (nul peuple n'ayant plus que toi
fixé mon regard dans l'étude comparée des peuples),
je pèserai l'accusation, j'opposerai le bien au mal, la
qualité au défaut qui n'en est que l'abus. Si tu trouves
que la balance n'est pas toujours droite, ne t'en
prends qu'à la faiblesse de la main. D'ailleurs, il y a
remède avec un juge sans pouvoir, n'opinant qu'en
première instance, et toujours sous la réserve du
droit d'appel à ta haute raison.

— Ces Français, dit-on, ont fait une révolution
modèle parce qu'ils n'ont pas délibéré ; maintenant
qu'ils délibèrent, soyez sûrs qu'ils vont tout gâter,
en nous bâclant une constitution *française*.

— Pour moi, j'ai grand'peur qu'elle ne soit pas
assez française. S'ils la puisent dans le fond de leur
raison, de leur cœur ; si elle est ce qu'elle doit être,
l'image vivante de leurs véritables qualités, je la ga-
rantis excellente pour eux, excellente encore pour
les autres, à charge toutefois d'en faire une version
spirituelle au lieu d'une traduction sottement littérale.
Mais si, comme par le passé, ils s'arrêtent à la sur-
face de leur esprit, où je ne vois que des éléments
exotiques, hétérogènes ; s'ils ne nous donnent qu'une
fille de leurs défauts, cette malheureuse les perdra,
nous perdra, tant elle donnera dans l'œil de tous les
écervelés de l'Europe !

— Vous croyez donc les Français capables de faire
quelque chose de bon ?

— Oui ; et il faut bien que vous le croyiez vous-
mêmes, puisqu'ils ne sont pas plutôt en marche, que

vous voilà tous sur leurs talons ; sans même leur adresser la question d'usage, qui vous ferait honneur et leur ferait du bien : Où allez-vous ?

— Vous avez raison ; l'Europe est bien folle de se mettre ainsi à la remorque d'un peuple extrêmement léger, la langue toujours levée, toujours le pied haut.

— Que voulez-vous ? l'Europe ne s'est pas faite, mais passablement défaite, la France aussi. La fonction principale de ce peuple, dans l'ordre de la pensée, étant, non de labourer, mais de semer, le Père de la grande famille ne devait lui donner ni le pied ni la langue du bœuf. Le champ est si vaste !

— Soit ; mais ils sèment beaucoup plus d'erreurs que de vérités.

— Beaucoup plus ! Moi qui ai compté leurs semeurs du vrai et leurs semeurs du faux, en France et à l'étranger, j'affirme que les premiers surpassent de beaucoup les autres par le nombre et par l'activité. Ce nombre, je pourrais vous le dire, messieurs les critiques, n'était la crainte de vous humilier dans un moment où vous commencez à prendre place dans la carrière de l'évangélisation universelle. Certes, il en était temps ! Courez, volez, rachetez le temps perdu, car la verge du Ciel est sur les réfractaires.

Au reste, je conviens que, en philosophie, en politique, en histoire, la France nous inonde de faussetés : ses romanciers éclaboussent le monde. Je ne dis rien de la religion, attendu qu'il est impossible aux Français de nous en façonner une qu'ils ne tuent aussitôt par la mortelle impiété de leur rire. Les religions ne sont pas leur affaire ; ils feront bien de s'en tenir à celle qu'ils n'ont pas faite.

Quant aux doctrines où ils nous fraudent et pipent de toutes manières, tenons compte d'une circonstance atténuante : En mettant la main dans le sac de ces terribles semeurs, j'ai trouvé que les mauvaises graines sont à peu près toutes d'origine étrangère. D'où je conclus que si les Français n'avaient semé que ce qu'ils tiennent du Père de famille, avec l'admirable forme qu'ils savent donner au vrai, le monde saurait mieux son catéchisme religieux et politique, et je ne serais pas obligé de vous dire pourquoi Dieu a créé un peuple si parleur.

— A la bonne heure ! mais pourquoi ne trient-ils pas leurs grains ? pourquoi viennent-ils nous jeter étourdiment ce qu'ils ont recueilli sans réflexion ?

— Ici vous êtes dans le vrai ; et comme le silence d'un juge est plus foudroyant que ses morales, l'illustre accusé me permettra de lui dire : Le défaut qu'on vous reproche est d'autant moins excusable, que la réflexion, chez vous, est d'une grande promptitude et fécondité. Il est rare que l'œil vous trompe quand il veut regarder. L'erreur compliquée, dont le débrouillement coûtera un jour aux peuples nés méditatifs, vous la déchiffrez en un quart d'heure quand vous la soumettez à votre lorgnette. Je l'ai dit : Dieu ne vous a pas fait *ruminant* mais *pensant*, c'est-à-dire prêt à parler. N'oubliez pas l'axiome lumineux d'un de vos grands hommes : « Il faut penser la parole avant de parler la pensée. »

— Vous aurez beau leur prêcher la réflexion, c'est-à-dire le choix en matière de doctrines, nous n'y gagnerons rien. Passionnés qu'ils sont pour la nouveauté, ils préféreront l'erreur, qui est nouvelle, à la vérité, qui est ancienne.

— Si j'étais votre maître de philosophie, je vous apprendrais une chose : c'est que toutes les erreurs entrèrent dans la tête des hommes peu d'heures ou de jours après que la vérité en eut pris possession, et de plus, que cette espèce est vieille dès le berceau, tandis que la vérité ne vieillit pas. Mais venons aux Français.

Vous les dites passionnés pour la nouveauté; distinguons. Passionnés pour la nouveauté dans la forme, dans les mots, oui; pour la nouveauté dans le fond, dans les choses, non, mille fois non. En quoi trouvez-vous qu'ils nous aient donné du neuf? En politique? Mais depuis Louis XIV qui leur laissa, en correspectif de sa gloire, un assez beau capital de despotisme avec l'intérêt grossissant des abus, et aussi de beaux débris de libertés civiles, administratives, etc., je ne sache pas qu'ils aient fait autre chose que cumuler capital et intérêts jusqu'au 24 février 1848.

Ils comptent je ne sais combien de constitutions; moi, je n'en vois qu'une ainsi conçue : « Le droit, la liberté du peuple français sont et seront de faire, de souffrir, de payer tout ce qu'il plaira aux titulaires de l'État. »

Ces titulaires furent : Louis XV, d'abord avec le régent, ensuite avec ses maîtresses; Louis XVI avec son parlement mutiné ; après l'avortement des États généraux et de la Constituante, ce furent les chefs des comités et de la Convention ; le Directoire ; le consul-empereur ; les rois revenus au trône avec les bourgeois successivement parvenus à faire parler le trône ; enfin, un roi élu par les représentants de quelques milliers de bourgeois désireux de gouverner à l'abri de son trône, mais obligés de partager avec lui les profits de l'État.

Que faisait cependant le peuple français? Il obéissait à la constitution, à l'État. Il frappait par intervalle de terribles coups, tantôt pour repousser l'étranger, tantôt pour le conquérir, tantôt pour culbuter les titulaires de l'État, et il criait à leurs successeurs : Liberté! liberté! sinon! — Oui, liberté! liberté! nous l'avons; paie-nous pour la bien tenir, et sois tranquille!

Progrès! progrès! disait le peuple. — Oui, nous y sommes; jamais le budget ne fit tant d'honneur à la nation, marche! — Mais ne badinez pas, je suis souverain. — Pas le moindre doute, mais le souverain règne, laisse gouverner tes ministres.

J'oublie que ce que je dis ici est dans le livre. Les Français y verront que, à force de progresser dans l'ornière du despotisme, ils n'ont conservé, et encore pas toujours, que la liberté de la langue. Un pas de plus, et celle-ci même pourrait disparaître.

— Le malheur ne serait pas grand. Les Français, devenus recueillis, penseraient davantage, féconderaient peut-être leur langue si pauvre, si nue, fruit avorté

1.

d'une pensée stérile parce qu'elle est incontinente.

— Vous oubliez de dire que c'est la plus déshonorée, la plus servile des langues, car le monde entier en use ou en abuse; tandis que ses sœurs, sachant ce qu'elles valent, ne se prodiguent pas.

Elle est pauvre, nue; eh oui! c'est le vêtement apostolique, l'habit de voyage de la vérité, court, léger, simple, sans broderies ni colifichets, tel qu'il convient à cette fille du ciel, jamais plus belle, plus puissante sur l'esprit de l'homme que quand elle apparaît dans la nudité de son innocence. La pensée humaine est comme la première femme; elle ne songe pas à se voiler tant qu'une rencontre avec le père du mensonge ne lui a pas fait perdre ce qui charme Dieu, charme les hommes, la pureté du vrai.

La conception fausse ou louche, qui a besoin des plis et replis onduleux de la phrase pour se draper, fera bien de ne pas se jucher dans la langue franco-gauloise, la plus diaphane, la plus incolore, la plus expressive des langues. Par là même qu'il excelle à formuler nettement ce qui est, le français a de la peine à dire ce qui n'est pas. S'il fait place au mensonge, on voit qu'il se dérange.

Quand l'italien, l'espagnol ne disent rien à l'esprit, ils plaisent encore à l'oreille; mais le français n'est pas fait pour être parlé à l'oreille ni pour charmer ceux qui n'ont que de l'oreille : il va droit à l'esprit recevant la vérité par les deux cornets acoustiques appelés oreilles. C'est un fait cent fois constaté : à volume égal de voix, la parole française est celle qui

porte plus loin; c'est la langue du peuple prêcheur.
Seulement il ne faut pas qu'elle se charge d'idées vi-
des, soi-disant sonores. Dès qu'elle chante, elle chante
faux et mérite d'être sifflée.

Bref, rien de plus aisé que d'absoudre les Français, sinon de leurs péchés de langue, du moins des
péchés de leur langue. Mais on est en droit de leur
dire :

Peuple créé pour parler à tous, comme le soleil
pour luire sur tous, tes hommes politiques en con-
viennent, il n'y a désormais de possible que la propagande des idées. Mais, dans le chaos religieux, philosophique, social, politique, au sein duquel patauge
l'Europe, que faire avec des idées vagues, flottantes,
sans profondeur ni portée, incapables, je ne dis pas
de former une pensée nationale, mais de rallier deux
penseurs? Évidemment il n'y a de salut pour tous et
de puissance morale pour toi que dans la doctrine catholique, la seule qui puisse, par des convictions et
des devoirs uniformes, faire triompher en Europe,
et par l'Europe dans le monde, le principe de la fraternité universelle. C'est pour ce grand œuvre que tu
as reçu du ciel, avec la puissance matérielle, l'ardeur
du prosélytisme et l'instrument de ta langue, chef-
d'œuvre de légèreté et de force. Cette langue est
comme l'aile donnée au grain de sénevé pour le disséminer sur tout le globe. Si tu sépares l'aile du grain,
le grain ne tombera pas; car nous voyons tous une
grande nation prête à prendre ta place, l'occupant
déjà sur une foule de points et capable d'ensemencer

l'univers sans trop s'éloigner de son pavillon. Mais toi, quand il ne te restera que l'aile, que deviendra ta langue? Et la langue, qui est le peuple comme le style est l'homme, une fois perdue, sais-tu bien ce que tu seras? Tu dois le voir : quand la France n'aura plus le moyen de se faire comprendre des peuples, les peuples ne se demanderont plus : Que fait la France?

— Décidément vous voulez convertir les Français au catholicisme; Dieu vous tiendra compte de l'intention.

— Convertir les Français au catholicisme! En vérité, j'y pense aussi peu qu'à corriger leur langue.

Que l'état religieux de la France laisse beaucoup à désirer, nul doute; mais qu'elle soit inférieure sous ce rapport aux nations qui se targuent de la pureté de leur catholicisme, je serais bien aise qu'on m'en donnât la preuve.

— Vous conviendrez du moins que nous n'avons pas scandalisé et révolté l'Europe par des scènes d'impiété atroce, ni cherché à substituer Voltaire à l'Évangile, la déesse Raison au Christ.

— C'est-à-dire que la religion ne vous a pas encore conduits au feu. Mais, si elle n'a pas à rougir de vos défaites, où sont vos victoires et vos conquêtes, la légende de vos martyrs et de vos apôtres?

Nulle part sans doute, dans les derniers temps, le catholicisme n'a eu à subir de plus terribles épreuves qu'en France, tant l'ennemi jugeait la position forte et importante. Depuis l'époque où Voltaire estimait l'œuvre philosophique assez avancée pour écrire :

« Dans vingt ans, Dieu verra beau jeu (1758) ! » jusqu'à nos jours, quel prodigieux déploiement de forces
intellectuelles, scientifiques, de mesures législatives
souverainement brutales ou habilement oppressives,
pour y naturaliser l'irréligion ! Y a-t-on réussi ? Évidemment non. Voltaire lui-même et son école, dont
j'expliquerai ailleurs le triomphe éphémère, ne furent
que des singes d'incrédulité. Que signifie la devise :
Écrasez l'infâme ! sinon : Cette religion nous écrase,
liguons-nous pour la détruire ? Et quand l'ouragan
révolutionnaire a dévoré ses ressources matérielles et
sa milice sacerdotale, que fait encore la France ? Elle
n'a pas plutôt pourvu aux premiers besoins religieux
de ses enfants, que, portant ses regards au loin, et
vivement émue du sort de sept cents millions d'infi-
dèles, elle ébranle, par ses exhortations et ses exemples, les nations sommeillant au pied de la croix, les
enlace dans une vaste association de prières et d'of-
frandes, et donne par là une immense impulsion à
l'œuvre catholique par excellence, la seule qui puisse
faire absoudre l'Europe au jugement de Dieu et de
l'humanité (1).

On n'a pas assez observé, ce semble, la singulière
affinité du catholicisme avec le caractère français. Le
trait le plus saillant de ce caractère, on l'a dit des
milliers de fois, c'est l'esprit d'association et de prosélytisme au plus haut degré ; c'est un ardent besoin

(1) V. Les *Idées d'un catholique sur ce qu'il y aurait à
faire*.

d'unité au dedans et de propagande au dehors. Mais, cela, qu'est-ce, sinon le catholicisme? Et, avec la promptitude française à démêler le faux, avec cette langue, vrai crible où rien ne reste sauf le vrai, quelle doctrine pourra jamais subjuguer l'esprit national et lui donner puissance sur les autres peuples, si ce n'est la doctrine catholique?

La France fera bien de se moquer des pédants qui lui proposent de substituer à l'esprit catholique, principe de toutes ses grandeurs, l'esprit purement philosophique qui, par l'isolement, l'individualisme de la pensée et le travail dissolvant du doute, abolit nécessairement chez un peuple toute communauté de vie morale et le livre à la brutalité des instincts matériels. Si elle les écoutait, et surtout qu'elle leur confiât l'éducation de sa jeunesse, on pourrait bien lui dire : Adieu, grand peuple, ton âme s'est envolée ! Tu n'es plus que poussière, rentre dans la poussière !

Loin d'avoir à redouter ce malheur, le catholicisme ne peut que faire de rapides progrès en France, du moment où il jouira de sa pleine liberté d'action; et cette liberté, il l'obtiendra, grâce à l'avénement au pouvoir d'une démocratie bouillonnante de jeunesse et de vigueur, démocratie peu instruite en religion, il est vrai, mais instinctivement chrétienne et aspirant à tout ce qui effrayait les gouvernements du passé, à l'éclat des lumières, à l'héroïsme des vertus. Il n'aura plus qu'à se tenir en garde contre deux sources d'impopularité, savoir : les faveurs maladroites et toujours intéressées du gouvernement, et la manie des ouvriers apostoliques qui, faute de savoir que l'esprit philosophique n'est pas autre chose que l'ignorance du christianisme, au lieu de s'étudier à faire connaître et aimer celui-ci, ne font que harasser ceux qui les écoutent et donner de l'importance au fantôme de la philosophie par les gigantesques et ridicules combats qu'ils lui livrent.

L'histoire prouve que la France n'a jamais été hostile à la religion que par réaction et esprit de parti. La raison en est dans le génie national qui a pour base la générosité (c'est-à-dire encore l'universalité), et pour couronnement l'esprit frondeur; d'où il résulte une pente dans l'opinion publique à guerroyer contre les protégés du pouvoir et à relever ceux qu'il opprime ou abaisse. Voulez-vous faire courir à l'église les Français qui en ont oublié le chemin? Fermez-la par ordonnance. Que le pouvoir dise : Plus de messe! Sur cent qui hier se passaient de messe, quatre-vingts se croiront obligés de l'entendre demain, et quarante tiendraient à la servir, n'était la difficulté de répondre juste au latin du prêtre.

Voulez-vous au contraire compromettre grandement la religion? Faites qu'elle accepte, comme à certaine époque, le protectorat du pouvoir : fleurdelysez-la. Le mot se vérifiera dans sa double acception. Il ne restera à l'illustre flétrie que le cortège des dévots et des dévotes. Et de bonne foi, quel homme de sens et de cœur voudrait d'une religion de taille à se jucher complaisamment sous l'aisselle d'un empereur ou d'un roi?

Quant à ceux qui veulent planter le catholicisme en France comme en terre infidèle, à grands frais de controverse et d'éloquence, on doit leur dire : Eh ! mon Dieu, que faites-vous là ? Allez donc en Chine, en Océanie. Ici, en creusant la fosse, vous arracheriez la racine-mère, encore partout profonde et vivace. Point de fossoyeurs, mais d'habiles, de patients déterreurs ! Arrosez abondamment, par une instruction simple, noblement familière, logique, aussi pleine de vérité que vide de phrases, et vous verrez !

France ! les critiques se taisent, et je ne sais trop ce qu'ils pourraient ajouter à leurs censures. Veux-tu maintenant confondre tes ennemis, mériter les bénédictions du ciel qui t'a donné l'initiative des grandes choses, assurer ta tranquillité au dedans, accroître indéfiniment ta puissance morale au dehors ? Offre à l'Europe le modèle d'une constitution digne de toi, c'est-à-dire vraiment universelle, supérieure aux mesquines et despotiques exigences de l'esprit de système, de côterie et de parti, donnant une véritable satisfaction à tous les vœux, à tous les besoins, à tous les intérêts légitimes.

Que cette constitution, frappant au cœur la statolâtrie et ses infâmes monopoles, professe hautement et ravive sans délai toutes les libertés dont la stupide immolation au Moloch de l'État précipite fatalement l'Europe vers des catastrophes dont Dieu seul aperçoit le terme.

Regarde donc ! D'un côté, l'absolutisme monarchique, appuyé dans le Nord sur d'innombrables bataillons d'esclaves aguerris, offre son épée aux nations comme l'unique principe d'ordre; et qui sait s'il n'excitera pas de vives sympathies dans les classes opulentes, menacées par le socialisme, et dans les classes inférieures, victimes des orgies constitutionnelles?

D'un autre côté, l'absolutisme parlementaire, armé de constitutions créées au profit de son ambition et de sa rapacité, entasse sous le pressoir du régime unitaire cinquante nations diverses, afin de les exploiter en grand; et, par le mépris insolent qu'il fait de leurs libertés religieuses, nationales et de leurs intérêts matériels, il appelle sur sa tête les jacqueries sanglantes du communisme.

Le catholicisme, seul capable de tempérer le frémissement des peuples, sera-t-il assez puissant pour obtenir une trêve et faire accepter les bases d'un ordre social conforme aux principes de la justice et de la fraternité chrétienne, ou bien, obligé de laisser passer le torrent de la justice divine sur tous ceux qui ne veulent voir dans le christianisme qu'un obstacle à leurs desseins, et dans les masses qu'un marchepied à leur ambition, devra-t-il attendre l'heure où il lui sera permis de repêcher les débris de la société dans une mare de sang? C'est le secret de Dieu; et, à la vue de tant de symptômes alarmants, on se sent pressé du besoin de lui dire :

Père miséricordieux, bénis et fortifie la France! Si elle ne conjure l'orage par une attitude de justice et de force; si elle ne terrorise tous les genres de des-

potisme par le spectacle de toutes les libertés, hélas
ta patience est donc lasse : tu veux en finir avec nous.
Pie IX n'est plus ce que nous espérions, l'aurore
d'un grand, d'un merveilleux avenir : c'est un dernier reflet de ton soleil sur l'ingrate Europe. Si son
nom béni de nous arrive à nos enfants, des autocrates leur apprendront à le maudire. Oui, nos enfants !
car tu ne refuseras pas aux pères la dernière des grâ-
ces, celle de mourir l'épée au poing.

STATOLATRIE

OU

LE COMMUNISME LÉGAL.

CHAPITRE PREMIER.

Où est le communisme, et d'où il vient.

Aux armes! le communisme est là! voilà ce qu'on dit partout en frémissant, et partout on a raison de le dire et de frémir. Le communisme, en effet, c'est la déchéance totale de l'homme au moral et au physique. L'individu humain, dans ce système, n'est même plus une machine, un automate complet : c'est un imperceptible rouage du vaste mécanisme de l'État.

Le communisme est partout. Il est en France, encore plus ailleurs. Après avoir essayé de nous prendre en queue par Berne, ce qui ne pouvait le faire triompher qu'à Fribourg et dans le Valais, il manœuvre maintenant sur notre front. S'il gagne la bataille, il montera à l'une des tours de Saint-Sulpice pour dire à l'Europe : La capitale est prise, rends-toi!

— Mais il a été battu.

— Vous le croyez? Je pense, au contraire, que

cette défaite a sauvé le communisme. Il n'a perdu que ceux qui allaient le perdre par une application violente et prématurée. Battu dans la rue, où il n'aurait triomphé que pour sa perte, il rentre dans son fort, je veux dire dans les assemblées législatives, où ses ennemis vont consolider son trône en croyant sceller son tombeau. Ce qu'on lui refuserait sous la blouse de l'ouvrier en armes, il l'obtiendra probablement sous le manteau de la légalité.

Que le communisme soit sage ; que, tout en conservant et propageant ses principes, il abjure son nom justement abhorré ; qu'il se couvre du nom adoré d'État, et que, exploitant les craintes qu'il inspire, il sollicite, au nom de l'État menacé par le communisme, le sacrifice des restes de libertés que les vaincus voulaient abolir à coups de baïonnettes, il y a beaucoup à parier qu'il réussira. On se précipitera dans le communisme au cri : A bas le communisme !

Et croyez qu'il reste bien peu à faire. Que faut-il pour que l'Europe accomplisse cette dernière évolution (ce ne serait pas une révolution) ? Moins de temps peut-être qu'il ne m'en faudra pour achever et publier cet opuscule, que j'expose à périr, comme deux de ses aînés, au milieu des barricades.

— Mais ne voyez-vous pas que le communisme est impossible ? C'est le rêve de quelques fous.

— Oui, je vois ce que vous voyez ; personne ne veut du communisme, pas même ceux qui le prêchent, sauf quelques dupes. Mais je vois ce que vous ne voyez pas, faute d'attention ; tout le monde, à peu d'exceptions près, a travaillé jusqu'ici, travaille encore au triomphe du communisme.

On disait aussi, il y a quelques mois : En France, la République ? impossible ! C'est le rêve d'une imperceptible minorité. Ce serait une affreuse anarchie.

Cela n'était pas dit, que la République était saluée par des vivats unanimes ; l'anarchie avait beau souffler, le feu ne prenait pas. Pourquoi ? L'œil de la nation, éminemment juste quand il veut voir, vit que la soi-disant impossible était seule possible, qu'elle n'était plus à faire, mais bel et bien faite, adulte, capable de tuer la France si la France faisait mine de la tuer. Le nom n'allait guère à la plupart, mais il allait si bien à la chose qu'ils voulaient ou acceptaient tous, qu'il n'y eut qu'une voix : République ! Sauriez-vous me dire qui avait fait du mot République un épouvantail ? Le parti républicain. Et qui avait fait de la République une nécessité ? Son ennemie la plus ardente, la monarchie bourgeoise aidée de la bourgeoisie monarchique.

Eh bien, je le dis avec conviction : si on ne vire de bord sur-le-champ, l'Europe se brise au communisme, tant la manœuvre générale y porte ! Peut-être y serions-nous déjà, n'était l'impatience des communistes à vouloir saisir le timon.

— Vous êtes un alarmiste, un visionnaire.

— Nullement : un alarmiste prêche, crie, tonne, foudroie, s'irrite de ce qu'on ne partage pas sa frayeur. Un visionnaire parle au nom du ciel, annonce des événements surnaturels. Je ne fais rien de semblable.

Appuyé sur les données historiques les moins contestables, voici ce que je dis aux amis de l'ordre et à ce qu'on est convenu d'appeler le parti conservateur :

Le communisme ou le socialisme (au fond, c'est tout un) n'est nullement ce que vous croyez peut-être, le rêve de quelques clubistes forcenés. C'est en réalité le fond de notre droit public; c'est l'application logique à l'ordre social des principes religieux, philosophiques, politiques, à peu près généralement acceptés, prônés et glorifiés par tous les gouvernements de l'Europe depuis trois siècles. La politique du juste-milieu, dont la récente défaite excite encore une si niaise surprise et tant de regrets irréfléchis, ne fut que la persévérante réalisation, au profit de la coterie gouvernante, des principes du socialisme.

Quel est, en effet, le symbole politique de nos hommes d'État modernes? Il est tout dans ces deux mots : *Omnipotence de l'État!* Et voici le sens de cet article de la foi constitutionnelle :

L'État ou la nation étant la source première de toute souveraineté, de tout pouvoir, il en résulte que la raison publique ou la volonté nationale est la règle suprême des droits et des devoirs, du juste et de l'injuste.

Mais à qui appartient-il de formuler la volonté de la nation et de la transformer en loi? A la majorité des citoyens admis par la loi fondamentale à exercer par eux ou par leurs mandataires le pouvoir souverain. A cette majorité et aux hommes de son choix, le privilége d'imposer leur volonté à la nation. Aux citoyens amis de l'ordre, l'obligation de soumettre à l'action souveraine et à la surveillance des gens de l'État leurs libertés religieuses et civiles, l'éducation de leurs enfants, leurs droits et leurs intérêts les plus chers. Par là, ils seront de bons citoyens, de dociles atomes se mouvant dans le sens de l'État. Mais, s'ils s'écartent de ces principes, s'ils prétendent être à eux-mêmes, faire leurs propres affaires, s'associer en quoi que ce soit et pour quoi que ce soit, sans que l'État tienne la chaîne et se fasse payer pour la plomber, oh! alors ils constituent des sociétés dans la société, des États dans l'État; ils attentent à l'unité politique, principe de toute puissance, de toute vie nationale : il y a anarchie, chaos, danger imminent de mort pour l'État; et l'État, ce grand tout de la politique moderne une fois mort, qui ne voit pour la pauvre espèce humaine l'impuissance absolue de vivre (1)!

Tel est bien le résumé fidèle des doctrines soi-disant libérales des plus chauds défenseurs de la politique conservatrice. Que ces doctrines fussent nettement formulées dans leur esprit et qu'ils en pressentissent les désastreuses conséquences, je ne le pense pas. Hommes d'action et de mouvement, et dénués de ces convictions politiques dont ils faisaient parade à la tribune, ils abandonnaient volontiers la

_____

(1) J'ai démontré ailleurs que ces ignobles et absurdes théories sont l'application à l'ordre social de la philosophie panthéiste, et que le Dieu-État n'est qu'une face du Dieu-Univers. V. *Les Béats*, liv. II, ch. II.

direction des plus hautes affaires aux chances du ha-
sard, aux aveugles inspirations des coteries parlementaires, à l'entraînement de la routine, à ce qu'ils
appelaient la puissance irrésistible des faits accomplis
et des idées dominantes.

Ainsi, parmi tant de discoureurs infatigables, qui
jamais songea à se poser ces questions si naturelles :
— Qu'est-ce donc que cet État dont les droits magi-
ques et toujours indiscutés écrasent les contribuables
sous le poids des charges et confisquent rapidement
l'exercice de toutes les libertés publiques et privées ?
— Sur quoi repose le culte de l'État, divinité abs-
traite, aussi insaisissable dans son essence qu'insa-
tiable dans ses appétits ? — Cette volonté nationale,
qui se traduit en lois brutalement illibérales et ra-
paces pour pénétrer jusque dans le for inviolable de
la conscience et ravir aux citoyens leurs droits les plus
sacrés avec leur dernier écu, qu'est-elle, en dernière
analyse, sinon le bon plaisir d'un ministre ou d'un
chef de bureau, dont tout le talent consiste à transformer en affaires d'argent et matière à emplois les
questions les plus vitales, les éléments de la vie religieuse et morale d'un peuple ?

Non ; jamais questions si audacieuses ne s'offrirent
à l'esprit des bénéficiers de l'État : au nom sacré du
maître, ils se découvraient, s'inclinaient et votaient
avec un imperturbable amour, sachant que l'État se
montrait aussi tendre à l'endroit de ses élus qu'impitoyable envers ses damnés. Mêmes procédés de la part
des membres de l'opposition, lesquels, en qualité

d'héritiers présomptifs du pouvoir, se gardaient d'en contester les merveilleuses prérogatives.

Aussi longtemps que les pontifes de l'État se bornèrent à faire main-basse sur les libertés de la pensée, de la parole, de la religion, de l'instruction, de la famille, des communes, des provinces, toutes choses qui importaient peu en soi et qui rapportaient beaucoup aux feudataires de l'État, la majorité et l'opposition conservatrices unirent leurs efforts pour défendre les plus odieux monopoles et favoriser les effroyables envahissements de l'action gouvernementale.

On se rappelle avec quelle expression de mépris elles accueillaient les prétentions soi-disant gothiques des défenseurs de la liberté religieuse, qui osaient invoquer un droit antérieur et supérieur aux droits de l'État (1).

Mais aujourd'hui que les organes du socialisme populaire, appuyés sur l'omnipotence de l'État, disent à la classe opulente : Vous avez enlevé à la circulation publique des terres, des capitaux et certains

_____

(1) Il est juste aussi d'observer que la plupart des partisans de la liberté religieuse ne s'appliquèrent pas assez à déchirer le voile de ténèbres derrière lequel s'abritait la monstrueuse pagode de l'État. Faute d'agrandir la discussion et de combattre l'absurde confusion que l'on faisait de deux choses essentiellement distinctes, des droits du gouvernement, soit des ministres, et des droits de l'État, soit des citoyens, ils parurent ravaler quelquefois la plus noble des causes aux proportions d'un intérêt de parti.

êtres vivants trop séquestrés pour être utiles. Au nom de l'État, qui en a besoin, remettez tout cela au grand air fécondant de la rue, sinon ! Il n'y a qu'un cri d'horreur contre ces prétentions sauvages.

Que ces prétentions soient en effet sauvages et mènent droit à la barbarie, nul doute. Mais, messieurs les conservateurs, ne serait-il pas temps de reconnaître que ces prétentions, au lieu d'être des excentricités doctrinales, ne sont en réalité qu'une déduction rigoureuse de vos principes et le digne couronnement de vos œuvres ?

Et si vous vous flattiez encore d'échapper aux conséquences du droit socialiste, sans lui opposer son unique antidote, les principes du droit social chrétien, votre illusion serait aussi courte que fatale.

Ce droit chrétien, vous l'avez longtemps laissé conspuer à l'ignorance et à la mauvaise foi, sous le nom de droit divin. Apprenez donc à le connaître, car il n'y a de salut que par lui.

CHAPITRE II.

Principes du droit chrétien. — Droit national et international.
— Origine et distinction des deux pouvoirs.

La vérité précédant toujours l'erreur, qui n'en est
que l'altération, avant que le faux dieu de l'État fît
son entrée dans le monde politique, le vrai Dieu, le
Dieu des chrétiens y était. Et qu'y faisait-il ? Il y
faisait ce que Dieu seul peut faire ; il apprenait aux
hommes leur destinée, leurs devoirs et leurs droits ;
et il les exhortait à travailler à leur réhabilitation
complète par l'application à l'ordre social de la charte-
vérité.

Cette charte, que tous, gouvernants et gouvernés,
grands et petits, riches et pauvres, savants et ignorants, étaient obligés de connaître, de pratiquer et de
défendre, même au prix de leur sang, c'était l'Évangile ; non l'Évangile livré aux mille commentaires de
l'ignorance et des passions individuelles, mais l'Évangile nettement formulé en dogmes conservateurs des
droits de Dieu et des droits de l'humanité, et en préceptes moraux reliant tous les hommes, dans le sein

de la justice et de la charité, par la chaîne sacrée des devoirs.

Dieu étant universellement reconnu pour maître et législateur suprême des esprits et des corps, la société religieuse et la société civile étaient réellement des sociétés de frères, gouvernées, conformément à la charte évangélique, par des ministres responsables devant Dieu et devant les hommes. Toutefois, il y avait une capitale différence entre ces deux sociétés. La première, destinée à conserver et à répandre la lumière apportée au monde par Jésus-Christ, et à réunir toutes les nations sous le joug divin de la vérité et de l'amour, devait être soustraite aux manipulations humaines. Pour être acceptée de tous les peuples dans la succession des âges, elle ne devait être l'œuvre d'aucun peuple, d'aucun âge.

L'Église sortit donc toute formée des mains du Christ; aussi sa constitution ministérielle, non moins invariable que ses doctrines, résiste-t-elle depuis dix-huit siècles aux attaques des pouvoirs politiques, comme ses dogmes survivent à tous les sophismes de la demi-science.

Le but direct de la société civile étant, au contraire, de procurer le bien-être matériel des hommes et de protéger leurs intérêts terrestres, intérêts nécessairement soumis aux variables influences de l'espace et du temps, le divin Législateur laissa à chaque peuple le libre choix de sa forme de gouvernement et ne fit que poser les principes généraux d'un ordre social digne de Dieu et de l'humanité régénérée.

Quels sont ces principes? Les voici en peu de mots, tels qu'ils résultent des données chrétiennes sur l'origine et le but de l'humanité.

I. Principe générateur du droit public chrétien. — Issus du même Dieu par un seul couple, régénérés par le même Christ, appelés au même bonheur dans la maison du Père céleste, les hommes sont tous frères, membres de la grande famille de l'humanité, et ils ne doivent être, quant à l'âme et quant au corps, la propriété que de Dieu. Fraternité, égalité, liberté, telle est l'expression des devoirs et des droits qui les unissent sous la garantie de la souveraineté divine. Ces devoirs et ces droits se résument dans la vertu de charité, résumé elle-même de toute la loi chrétienne (1).

II. Droit chrétien international. — Les peuples, comme les individus qui les composent, sont la possession de Dieu seul. Il en a créé de grands et de petits : les petits lui sont aussi chers que les grands (2). Il a donné aux uns et aux autres le droit d'être une nation jouissant d'une existence distincte et d'une action propre dans le grand organisme du genre humain; et le droit de posséder un territoire approprié à leurs besoins particuliers et à leurs relations naturelles avec les autres peuples.

Ces droits, un peuple peut les perdre justement par une cession volontaire ou par l'abus manifeste qu'il en fait au préjudice de l'ordre général. Hors ces

(1) Rom., XIII, 10.
(2) Sap., VI, 8.

deux cas, nul ne peut les lui ravir sans crime. Le conquérant, qui n'est mu que par l'ambition, est un monstre. Le pouvoir dont il était investi pour conduire sa nation dans les voies de la justice, il s'en sert pour la transformer en légions de brigands assassins, à l'aide desquels il arrache la vie à des peuples dont il devait être le défenseur et l'ami.

Mais le christianisme ne sépare jamais les droits des devoirs. Puisque les peuples sont frères, selon l'esprit et selon la chair, ils doivent se chérir et se procurer mutuellement la jouissance des deux éléments de la vie de l'esprit et de la vie du corps; savoir: l'intelligence et l'amour de la vérité, vrai pain de l'âme; l'intelligence et l'amour du travail, source du bien-être matériel. Amélioration morale et physique des peuples par la communication généreuse et désintéressée des lumières de l'Évangile et des lumières industrielles, telle est la noble carrière ouverte aux ambitions nationales. Honneur, gloire et puissance, devant Dieu et devant les hommes, au peuple qui s'y distinguera le plus ! Il lui sera beaucoup pardonné parce qu'il aura beaucoup aimé (1). Malheur au peuple égoïste qui, en voulant confisquer à son profit les éléments de la vie universelle, attirera sur lui cet arrêt : Celui-là est digne de mort qui refuse d'aimer (2) !

III. Droit national. — Chaque nation est une fa-

(1) Luc, VII, 47.
(2) I. Joan., III, 14.

mille plus ou moins nombreuse dont Dieu est le père
et le chef. Pour l'exercice de cette charité qui seule
donne droit aux célestes couronnes, Dieu a voulu
qu'il y eût dans chaque famille nationale, comme dans
la famille domestique, des aînés et des cadets, des
grands et des petits, des forts et des faibles, afin que
les premiers, usant de leurs lumières et de leur force
pour le bien des autres, fussent grands, à la manière
de Dieu, par l'étendue de leurs bienfaits, et que les
petits, au lieu de ramper aux pieds des grands, s'at-
tachassent à eux par le noble sentiment de la recon-
naissance et de l'amour.

Tous recevant de Dieu leur âme et leur corps, ils
ont également droit à la vie morale et à la vie matérielle (1). Nul ne peut en aucun cas leur ravir la
première. Le bien général leur impose parfois le sacrifice volontaire ou forcé de la vie physique.

Dieu pourvoit à la vie spirituelle et au perfection-
nement moral des hommes par la société religieuse,
soit l'Église, et il gouverne celle-ci par le ministère
sacerdotal. Le sacerdoce, par là même qu'il est des-
tiné à administrer spirituellement tous les peuples, a

(1) Mais il ne s'ensuit pas que la société doive procurer à
tous une égale mesure de biens spirituels et matériels, cette
égalité n'étant pas dans la nature des individus. Le devoir de
la société est de veiller : 1° à ce que nul dans l'ordre spirituel
et temporel ne manque du nécessaire par sa faiblesse et la violence d'autrui; 2° à ce que tous aient la faculté d'accroître leur
part de fortune spirituelle et matérielle, selon leurs aptitudes
naturelles ou acquises.

dû recevoir de Dieu seul sa forme et le mode de son exercice, ainsi que nous l'avons observé plus haut. En effet, quel peuple voudrait d'un sacerdoce institué par un autre peuple? D'ailleurs, quel pouvoir humain pourrait conférer à un homme le caractère d'envoyé de Dieu, de ministre des affaires divines?

Mais, s'il est de l'essence du ministère religieux d'être un établissement divin, ne relevant d'aucun homme, d'aucune nation, il n'est pas moins nécessaire que ce ministère soit limité dans son exercice, et que, tout-puissant pour la propagation et la défense de la religion, il ne puisse y apporter aucun changement. C'est à quoi Jésus-Christ a pourvu de deux manières: d'abord, par le caractère pratique de sa religion, qui en fait la propriété de tous et l'empêche de devenir jamais sujette au monopole; et ensuite, par l'organisation de la hiérarchie ecclésiastique, laquelle, tout en assurant l'unité du pouvoir spirituel, oppose à l'arbitraire d'invincibles obstacles (1).

Dieu pourvoit à l'entretien et au bien-être physique des hommes par la société civile, et il préside à celle-ci par le pouvoir politique chargé d'y maintenir l'ordre en protégeant les droits de tous et de chacun. Ce pouvoir est originairement divin: 1° parce qu'il est nécessaire, et que Dieu l'a établi par le fait même de la création de l'homme social; 2° parce que ce pouvoir étant dans celui qui l'exerce le droit de commander, et impliquant dans celui sur lequel il

---

(1) V. *Solution de grands problèmes*, t. ii, p. 184.

s'exerce le devoir d'obéir, il n'y a évidemment que Dieu qui puisse conférer ce droit, imposer ce devoir à des hommes égaux entre eux par leur origine, par leur fin et par leur nature morale. Mais la forme de ce pouvoir, les limites dans lesquelles il doit s'exercer, le choix de ses dépositaires sont choses que Dieu a laissées à la libre disposition des peuples. En somme, Dieu confère à chaque nation le droit de se gouverner, et la nation délègue à qui il lui plaît l'exercice de ce droit, sous les clauses et conditions qu'elle juge plus favorables au maintien de l'ordre et de ses libertés.

Tel était l'enseignement général des théologiens catholiques, alors que les grands promoteurs des royautés absolues, les parlements, ne s'avisaient point encore de condamner au feu les théologiens et les théologies qui limitaient les droits divins des souverains par les droits non moins divins des peuples. Et ces principes n'existaient pas seulement en théorie dans les écoles; ils étaient le fondement de toutes les institutions sociales du moyen âge. Partout le pouvoir politique était limité par des lois fondamentales contre lesquelles il ne pouvait rien; partout il était soumis dans son exercice à un contrôle national; et l'on sait que le droit public de cette époque, tout en exemptant le souverain de la juridiction des tribunaux ordinaires, le rendait responsable de ses actes devant les assises de la nation présidées par le chef de la chrétienté.

Par là tous les pouvoirs étaient circonscrits dans des limites universellement connues et légalement

infranchissables. Au milieu du chaos social du moyen
âge, et avec des peuples sauvages qui de toutes parts
se ruaient sur l'Europe, le despotisme brutal ne pouvait manquer de se produire fréquemment dans les
actes; mais il était constamment flétri par la raison
chrétienne dont l'Église était l'organe; il reculait devant le glaive spirituel de l'excommunication invoqué
par les victimes et appuyé par le glaive matériel des
masses. Je l'ai dit ailleurs, il n'est plus permis qu'à
la sottise et à l'ignorance de déblatérer contre les
abus du pouvoir pontifical à cette époque; abus qui
seuls purent empêcher les nations de l'Europe de
s'entre-dévorer au profit de chefs demi-sauvages, pour
tomber plus tard sous le bâton de pachas musul-
mans (1).

Le droit public chrétien détruisait donc radicale-
ment l'absolutisme, c'est-à-dire le pouvoir indéfini
de l'homme sur ses semblables. L'absolutisme n'était
nulle part, pas même en Dieu, puisque, en matière
de lois, Jésus-Christ avait dit son dernier mot, et que
l'enfant, instruit de son catéchisme, possédait le résumé complet du code divin.

L'absolutisme n'était pas dans l'Église, puisque
tout, dans la croyance, dans les préceptes, dans les
sacrements et le culte, avait été divinement réglé,
était universellement connu, et que l'autorité ecclésiastique se reconnaissait impuissante à y rien ajouter
ni retrancher.

(1) V. *Solution de grands problèmes*, t. IV, ch. LV.

L'absolutisme n'était pas dans l'ordre politique; nul homme, nulle classe d'hommes n'auraient eu l'audace de dire : L'État, c'est nous! Notre raison, notre volonté, telle est la loi suprême de la nation.

La forme de gouvernement résultant de ces principes, ce n'était point la théocratie des Hébreux, peuple enfant, incapable d'appliquer le principe le plus clair, et à qui Dieu avait dû donner, par Moïse, outre des lois fondamentales, une multitude de règlements de police religieuse, civile, domestique. L'Évangile, en se bornant à poser les fondements de l'ordre social, laissait un immense espace aux libres évolutions des peuples.

Ce n'était point le règne des prêtres, comme l'ont dit tant d'ignorants, puisque la distinction des deux puissances et leur indépendance respective étaient un des premiers articles de la charte chrétienne, publiée et défendue par le sacerdoce; puisque, même dans l'ordre religieux, le rôle du pouvoir sacerdotal est divinement limité à la conservation et à la diffusion chez tous les peuples, du patrimoine spirituel du genre humain.

C'était en réalité le règne de Dieu dans l'Église et dans les divers États, par le moyen de la charte évangélique, dont les lois spéciales de l'Église et des États ne pouvaient être que l'application et les articles organiques. Or, l'Évangile, c'est la *loi parfaite de liberté* (1). Par les lumières qu'elle porte dans la

(1) Ep. B. Jac., I, 25.

conscience individuelle sur les droits et les devoirs de chacun et sur la nature et les limites du pouvoir quelconque, la doctrine chrétienne affranchit l'homme du joug de ses semblables, le constitue en religion et en politique sujet de Dieu seul, et fait de tous les chrétiens, selon le prince des apôtres, un *peuple de rois et de prêtres* (1).

Juge, dans sa conscience, de la loi humaine que le pouvoir lui impose, s'il n'y trouve rien de véritablement hostile à la loi divine, le catholique la tient pour légitime, et en s'y soumettant il n'obéit qu'à Dieu, principe de tout ordre et de toute justice. Si la loi est injuste, contraire à sa conscience, il répond : Mieux vaut obéir à Dieu qu'aux hommes ! et, comme es héros de la liberté, les martyrs, il laisse abattre sa tête plutôt que de la courber sous le joug de la tyrannie. Le privilége du catholique éclairé et ferme dans sa foi, est de ne relever que de Dieu dans sa pensée et dans ses actes. Si la dignité humaine et la vraie liberté ne consistent pas en cela, que sont-elles donc ?

Voyons maintenant comment le despotisme parvint à franchir les formidables barrières que le droit public chrétien lui avait opposées.

(1) I. Petri, II, 9.

CHAPITRE III.

Confusion des deux pouvoirs opérée par l'hérésie. — Autocratie protestante. — Son importation dans les États catholiques. — Contre-révolution sociale.

La liberté religieuse des peuples, garantie par la constitution et l'indépendance de l'Église; leur liberté civile et politique, protégée par les lois fondamentales des États et les principes du droit public sur la nature et les bornes du pouvoir, avaient deux implacables ennemis, les despotes de la pensée et les despotes de la politique.

Les premiers, dévorés du désir de régner en maîtres sur les esprits et de faire adorer aux masses les rêves de leur propre raison, détestaient souverainement un sacerdoce qui ne cessait de répéter aux peuples : Nous n'avons tous en religion qu'un maître, le Fils de Dieu. Fuyez comme ennemi de Dieu et des hommes quiconque, vous enseignant une doctrine nouvelle, vous ferait violer la foi jurée au Christ et rompre le lien de fraternité religieuse qui vous unit à la grande famille des enfants de Dieu.

Les despotes de la politique ne haïssaient pas moins

3

un ordre de choses qui entravait l'orgueil des gouvernants, d'un côté par la loi de Dieu et les droits de
l'Église, de l'autre par les lois fondamentales des
États et les droits des citoyens.

Il est aisé de voir que les libertés civiles et politiques ayant leur fondement dans la doctrine religieuse,
il fallait détruire cette doctrine et bannir le catholicisme d'un État avant d'y installer le despotisme politique. Des peuples qui possédaient dans leur catéchisme la règle divine des droits et des devoirs de
tous, ne pouvaient se prêter aux caprices et au bon
plaisir du prince, qu'après avoir accepté, en religion,
l'absolutisme des sophistes. L'hérésie, qui est l'adoration de la pensée d'un homme, devait frayer le
chemin à l'adoration du pouvoir de l'homme, soit à
la césarolâtrie. C'est ce qui arriva.

Luther, que l'ignorance et la mauvaise foi ont osé
appeler le champion et le restaurateur de la liberté
en Europe, en fut au contraire le plus violent ennemi.
Poursuivant la liberté humaine jusque dans le sanc-
tuaire de la conscience, il transforma en article de
foi le servage de nos âmes sous le domaine absolu
d'un Dieu prédestinant à son gré les uns au bien,
les autres au mal. Furieux de l'anathème fulminé par
Rome contre ces extravagances, le novateur fit appel
à toutes les passions mauvaises contre l'*exécrable
tyrannie* d'une Église qui repoussait le dogme de
l'homme-machine et d'un Dieu sans justice et sans
entrailles, poussant au feu éternel ses créatures. Pour
sauver son nouvel Évangile, Luther flatta l'orgueil et

la cupidité des princes, les invitant à joindre la hou-
lette à l'épée et à grossir leurs revenus des trésors de
l'Église.

C'est ainsi que, dès son début, le protestantisme
sacrifia le pouvoir spirituel au pouvoir politique, dé-
chaîna le despotisme et livra la moitié de l'Europe au
bon plaisir d'autocrates disposant souverainement des
âmes et des corps.

Tristement envieux de cette fatale omnipotence,
les princes catholiques travaillèrent dès lors avec une
déplorable activité à s'affranchir des salutaires entra-
ves que leur pouvoir rencontrait dans l'indépendance
religieuse et les lois fondamentales de leurs États.

Il serait trop long de dire par quels moyens ces fils
dévots de l'Église, opprimant la Mère commune sous
l'insolent prétexte de la protéger, se firent papes dans
leurs royaumes, et, plus puissants que le pape, purent
dire : Ici, le pape et l'Église, c'est nous (1) ! Ils furent
ardemment secondés dans cette entreprise par deux
classes idolâtres du pouvoir royal, qu'elles exploi-
taient à l'envi, savoir : les magistrats et les courtisans.

Les premiers, imbus des maximes du droit païen,
dérivant tout pouvoir de la raison publique person-
nifiée dans le prince, ne voulaient voir dans les formes extérieures du pouvoir ecclésiastique, qu'un
empiétement sur l'autorité royale. Ils reléguaient l'ac-

_____

(1) « Le roi, dans la pratique, est plus chef de l'Église que
le pape en France. Libertés à l'égard du pape, servitude à l'é-
gard du roi. » Fénelon, *Mémoires*; *Hist. de Fénelon*, par M. de
Bausset, liv. VIII.

tion du prêtre dans l'invisible domaine de la conscience; et par là l'anéantissaient, Dieu seul pouvant agir sur l'esprit sans l'emploi des moyens extérieurs. Ils avaient toujours des principes de droit pour démolir les libertés de l'Église; et quand le répertoire de la chicane ne leur en fournissait pas, ils allaient en prendre de curieux sur la tête de leur idole. Ainsi, voulaient-ils étendre à tous les bénéfices du royaume les droits de régale, limités par des concordats solennels avec Rome, ils disaient : « La couronne du roi est ronde (1). »

Les courtisans, portant encore plus loin le dévouement à la volonté du prince, n'exigeaient pas même qu'elle revêtit les formes légales pour devenir la règle suprême des devoirs. Le servilisme fit de tels progrès qu'un grand seigneur de la cour du roi très-chrétien pouvait dire sans blesser l'opinion : « Si le roi m'ordonnait de tirer sur le Saint-Sacrement, je tirerais (2)! » De fait, les hommes du pouvoir ordonnèrent plus d'une fois à des fusiliers d'*appréhender au corps* l'Homme-Dieu et de le livrer à qui bon leur semblait.

En même temps qu'on ouvrait le feu sur Dieu et son Église, on battait en brèche les barrières opposées par les nations aux excès du pouvoir monarchique; et les arrondisseurs de la couronne équarrissaient les libertés publiques. Le bon plaisir des favorites rem-

---

(1) Fleury, *Nouveaux opuscules*, p. 209.
(2) *Des Progrès de la Révolution*, par M. de Lamennais, p. 59.

plaçant les lois fondamentales, les mêmes parlements
qui condamnaient au feu les théologies et les mande-
ments contraires à l'autocratie royale, légitimaient
sans façon les bâtards adultérins du monarque et leur
ouvraient le chemin du trône.

C'est ainsi qu'au régime chrétien, sacrant les droits
de tous, des peuples aussi bien que des souverains,
en les faisant également émaner de Dieu, et traçant
au pouvoir des limites inviolables, succéda le régime
césarolâtrique, plaçant dans la raison et la volonté du
prince la source et la règle de tout droit, de tout pouvoir politique et civil (1).

De là toute une contre-révolution sociale. Le principe d'égalité et de fraternité universelles que l'Église,
luttant contre les préjugés des barbares, avait de tout
temps fait régner dans son sein, et qui de là s'infiltrait
lentement, mais irrésistiblement, dans les mœurs et
dans les lois, ce principe de la civilisation chrétienne
est oublié, méconnu.

Dans un État où le souverain est tout, peut tout,
il est naturel que la condition et les droits des sujets
soient en raison directe de la distance où chacun naît
du trône. Êtes-vous conçu dans un château ducal,
vous voilà grand dès le sein de votre mère ; en sor-
tissiez-vous disgracié d'esprit et de corps, et inhabile
aux fonctions de l'armée et de la cour, vous seriez sûr
d'obtenir une mitre au moins abbatiale ; car à la de-

(1) « En effet, dans la monarchie le prince est la source de
tout pouvoir politique et civil. » Montesquieu, *Esprit des lois*,
liv. I, ch. III.

vise de l'Église dans la distribution des dignités : Au plus digne ! a succédé celle-ci : Au plus agréable à Sa Majesté !

Le pouvoir suprême, de qui émanent toutes les existences sociales, les couvrira toutes de son ombre tutélaire ; mais il y a existences et existences, fortunes et fortunes, honneur et honneur. Le crime sera aussi impuissant que la vertu à niveler les conditions, et le bourreau lui-même se gardera bien de confondre le scélérat bien-né avec le scélérat de néant. La loi protégera vos vies, sauf le cas où un prévôt jugerait convenable de vous faire accrocher à un gibet, sans forme de procès, pour servir d'exemple à la canaille.

Vous pourrez jouir d'une assez belle liberté individuelle ; mais gardez-vous de déplaire à un homme en faveur ou d'avoir une femme qui lui plaise trop. Un beau matin, au grand ou au petit lever de S. M. ou de S. E., il sera reconnu que votre liberté est incompatible avec la sûreté de l'État, et celui-ci devra pourvoir à votre logement.

Mais ce sont là des niaiseries en comparaison des résultats généraux du principe césarolâtrique.

CHAPITRE IV.

Continuation. — Influences de la vie citadine et de la vie agricole. — Corruption des cours. — Naissance du communisme. — Application révolutionnaire.

Dès que le souverain est le Dieu de la nation, il est naturel que la cour et la capitale deviennent le séjour des élus, et que les provinces ne soient plus habitées que par les damnés du travail et quelques pauvres *gentillâtres*, espèce de Pourceaugnac et de Sottenville, que La Bruyère lui-même, renchérissant sur Molière, transformera en orangs-outangs, en *sauvages* imbéciles, *moins féroces* toutefois que les Iroquois et les Hurons (1).

De là l'abandon général par les grands propriétaires

(1) Qu'on lise dans les *Caractères* les articles Cour, Ville, Province, on verra à quel point l'esprit courtisanesque avait altéré dans les meilleures têtes les données chrétiennes sur la dignité et la destinée temporelle de l'homme. Même pour La Bruyère, il y avait trois races bien distinctes, les hommes de Versailles, ceux de ville ou de Paris, et les ilotes et parias de la province.

de ces campagnes où ils entretenaient le mouvement et la vie ; de là le mépris de la première et de la seule intarissable source des richesses, l'agriculture ; de là l'émigration des travailleurs quittant la vie si morale et si fructueuse des champs, pour se mettre au service du luxe et de l'industrie, maîtres sans morale, sans entrailles et souverainement capricieux ; de là l'excessive et fatale influence des capitales, devenues d'immenses foyers de corruption.

Il est constant que toutes les fois que les hommes s'entassent sans que la religion s'interpose, il y a fermentation au préjudice des vertus dont le sel délicat se volatilise. Or, nulle part la religion n'est moins puissante que dans les grandes villes, où la vie est tout artificielle ; on n'y voit, on n'y entend que l'homme ; on n'y découvre, on n'y apprécie que ses œuvres. La présence et l'action de Dieu, qui partout se révèlent au regard de l'habitant des campagnes, ne peuvent arriver au citadin qu'à travers le milieu d'une foi vive et d'une réflexion habituelle, deux choses rares là où les affaires absorbent la puissance de l'âme, substituent le calcul à la réflexion, l'image à l'idée.

On dit que le séjour des cités polit et civilise les hommes en les rapprochant. Oui, les hommes se polissent comme les métaux, par le frottement, mais souvent au préjudice de leur poids, de leur valeur intrinsèque. Si l'esprit s'affine dans les salons, où l'on parle de tout sans rien approfondir, il s'y évapore aussi et se dégage trop de sa base, qui est le sens commun, soit le sentiment vif et profond des vérités premières. Les bonnes mœurs tendent également à s'y transformer en belles manières.

Le travail d'esprit du campagnard est aussi simple que celui de ses mains. Habitué à tirer du sol et à livrer au commerce des produits bruts, mais d'une valeur nette et franche, il préfère en tout l'utile à l'agréable, le fond à la forme, et ne cherche dans la parole que la traduction de sa pensée. Sa raison, naturellement droite, accepte sans hésiter les grandes vérités religieuses et morales, peu effrayantes pour sa vertu. Il les conserve et les transmet telles qu'il les reçoit. La vérité coule à plein bord dans son langage simple et rustique, comme la probité éclate sous la rudesse de ses procédés. Faute de savoir tailler un sophisme et donner au mal la couleur du bien, ses erreurs sont trop nues pour être dangereuses, ses vices trop grossiers pour être contagieux.

Le citadin, au contraire, appliqué exclusivement au culte de la forme, incline par état à lui sacrifier le fond. Les prodigieuses transformations que sa main fait subir à la matière, son esprit, plus brillant que solide, plus délié que vigoureux, tend naturellement à les reproduire dans l'ordre de la pensée. En doctrine comme en objets d'art et de commerce, il vise à l'effet pour arriver à la vente. Maître passé dans le talent de la parole, il l'emploie avec un égal bonheur au triomphe du vrai et du faux, du bien et du mal. S'il affaiblit trop la vérité en limant les arêtes vives par lesquelles seules elle peut entamer les âmes racornies, en revanche il donnera à l'erreur la plus usée une

3.

tournure tellement neuve et piquante, que le public, qui la conspuait naguère, l'accueillera comme un trait de génie. Étudiant peu, réfléchissant encore moins, parlant toujours, l'habitant des grandes cités excelle dans l'art de broyer les principes et d'accréditer toutes les erreurs en les saupoudrant d'esprit : et par les formes agréables qu'il donne aux vices, il sait leur concilier l'estime due aux vertus.

En tout, les extrêmes se touchent. L'agglomération excessive des hommes aboutit, comme leur dispersion trop grande, à l'état sauvage, à l'anthropophagie.(1). Nulle part les corps ne sont plus près et les cœurs plus loin que dans ces places de guerre où la soif du pouvoir et de l'or appelle au combat toutes les ambitions, toutes les cupidités. Le même toit y couvre deux races ennemies, le millionnaire et le famélique. L'infaillible résultat de la lutte incessante des intérêts étant de cumuler le pouvoir et la richesse aux mains des plus habiles, c'est-à-dire du petit nombre, d'énormes, de scandaleuses fortunes s'élèvent sur la ruine de milliers de malheureux, et le contraste révoltant des jouissances effrénées du luxe avec les horreurs de la misère y provoque tôt ou tard la réaction sauvage du désespoir et de la faim.

Au ferment de corruption inhérent aux grandes masses humaines, si l'on ajoute l'esprit de cour, le travail de dissolution sera beaucoup plus rapide. Ici laissons parler un homme que les courtisans ne récuseront pas.

(1) V. *Solution de grands problèmes*, t. III, ch. XLIV.

« L'ambition dans l'oisiveté, la bassesse dans l'orgueil; le désir de s'enrichir sans travail; l'aversion pour la vérité; la flatterie, la trahison, la perfidie, l'abandon de tous ses engagements, le mépris des devoirs du citoyen, la crainte de la vertu du prince, l'espérance de ses faiblesses et, plus que tout cela, le ridicule perpétuel jeté sur la vertu, sont, je crois, le caractère de la plupart des courtisans, marqué dans tous les lieux et dans tous les temps (1). » — Généralisons.

D'où croyez-vous que soient sorties les trois grandes maximes du communisme moderne : Plus de souveraineté distincte ! nous sommes tous rois; — plus de propriété particulière ! la terre est à tous; — plus de famille ! le mariage est un abus? Évidemment elles ont germé dans la corruption des cours; elles ont grandi dans les serres chaudes des capitales.

Quand la royauté, égarée par ses adulateurs, ne connaît plus de frein, il est naturel que les peuples, exaspérés par les abus, ne veuillent plus de royauté. Quand le prince laisse brûler à ses pieds l'encens de l'adoration, qui ne doit fumer qu'à l'autel, l'ordre éternel exige que le feu prenne au trône, et que, pour échapper à l'incendie, il ne reste à l'idole et à ses adorateurs que la route de l'échafaud ou celle de l'exil. — Qui fit rouler la tête de Charles Ier ? — La haute cour de justice de Cromwell? — Non; mais le parlement, condamnant au supplice des traîtres à Dieu

(1) Montesquieu, *Esprit des lois*, liv. III, ch. v.

et au roi tout Anglais qui élèverait un doute sur l'omnipotence au spirituel et au temporel de Henri VIII et de ses royaux bâtards et bâtardes. — Quels furent les premiers régicides en France? — Les inventeurs de cette belle leçon, qu'un gouverneur répétait à Louis XV enfant, en lui montrant le peuple assemblé sous ses fenêtres : Sire, tout cela est à vous!

Quand les grandes propriétés foncières, au lieu d'être, par la présence et l'humanité des maîtres, des sources de richesse et de vie, dépérissent à vue d'œil et ne servent plus qu'à nourrir au loin le luxe et les basses intrigues de fainéants sans mœurs, est-il étonnant que le peuple accueille ceux qui lui disent : Plus de grandes propriétés! plus de châteaux! partageons les terres! — Et, comme les terres divisées ont une tendance naturelle, ici à se concentrer de nouveau, là à se déprécier par un morcellement indéfini, on dira bientôt : Plus d'autre propriétaire que l'État!

Enfin, quand l'adultère, longtemps prôné, déifié sous le nom de *bonne fortune*, de *galanterie*, a couvert de ridicule la fidélité conjugale, et que les petits collets eux-mêmes ont prodigué l'encens à cet enfant des cours (1), n'est-il pas dans l'ordre que les législateurs disent : L'adultère étant inévitable, constatons et légalisons le fait en autorisant le divorce? — Soyons plus logiques, diront d'autres; invitons le peuple à la promiscuité en dotant les filles-mères, et que le titre glorieux d'enfants de la patrie,

(1) La Fare, Chaulieu, Châteauneuf, Saint-Réal, etc., etc.

décerné aux fruits d'unions soi-disant illégitimes, flétrisse justement le monopole odieux du mariage.

Mais n'oublions pas que la cause première du mépris public des droits du pouvoir, de la propriété, du mariage, fut le mépris public des droits de Dieu, l'irréligion, autre fille des cours.

Comprenons bien ceci : la religion seule sacre devant le public les souverains, les riches, les époux ; mais comment ? Est-ce en employant l'huile, l'eau bénite, les *oremus* ? Non, mais en les parfumant de vertus, en leur inspirant un profond respect pour leurs devoirs.

Et comment la religion se sacre-t-elle elle-même en face des rois, des riches, de tous ? Est-ce par la publicité de l'ordination de ses ministres ? Non, mais par leurs vertus et surtout par cette indépendance politique qui fait dire à tous : Voilà bien les hommes de Dieu et les ministres de ce royaume spirituel, assez grand pour contenir les peuples et leurs chefs, parce qu'il n'est l'œuvre d'aucun peuple, d'aucun roi.

Or, où la religion a-t-elle vu s'effacer du front de ses ministres ce caractère sacré qui constitue leur puissance morale, sinon dans les cours ? Qui a dit aux rois : Pour que vous soyez vraiment rois et maîtres chez vous, il faut absolument que vous nommiez aux fonctions ecclésiastiques comme aux fonctions civiles et militaires, et que vous défendiez à vos évêques, à vos prêtres, à vos féaux sujets de correspondre avec le souverain étranger de Rome, autrement que sous l'œil et le contrôle de vos magistrats ? Qui ? les courtisans.

Sans doute, le sacerdoce, qui eut l'impardonnable faiblesse d'accepter le joug, resta catholique au fond puisqu'il ne recevait que de Rome l'investiture du pouvoir spirituel et qu'il n'insérait pas, textuellement du moins, dans le catéchisme les *déclarations doctrinales* que lui dictaient les rois, les ministres, les parlements ; mais il est clair que dès lors la divinité de la religion et de son organe, le sacerdoce, devint, pour le public, matière d'étude, et par conséquent de doute.

Or, le public des cours et des capitales étudie peu. Et puis, comment la religion chrétienne, qui est tout ce qu'il y a de plus haut et de plus simple, de plus grave et de plus noble, trouverait-elle place dans ce qu'il y a de plus bas et de plus faux, de plus frivole et de plus vil, dans l'esprit et le cœur d'un vrai courtisan !

L'habitude de ne voir en tout que la forme, fit qu'on mesura la religion sur ses ministres, et encore sur quels ministres ? On oublia les Fénelon, les Vincent de Paul, les Beaumont, pour ne voir que les Dubois, les Bernis et ces mignons en mitre que le maître ne pouvait mieux punir qu'en les *exilant dans leur diocèse.* La religion, jugée de ce point de vue, ne paraissant qu'une intrigue nouée dans les ténèbres de la barbarie au profit des prêtres et des rois, Voltaire n'avait pas besoin de tout son prodigieux talent pour populariser le cri : Écrasez l'infâme !

Ce cri de guerre, répété de la cour à la ville, retentit aussi dans le ciel, et le Christ dit : Soit ! Sa croix, signe de l'affranchissement universel par l'établissement du règne de Dieu, devenue le sceau de toutes les servitudes en protégeant le règne de l'homme sur l'homme, c'était là une infamie que le ciel ne pouvait plus tolérer.

Les exécuteurs étaient prêts : c'étaient les radicaux de l'époque, soit cette génération au cœur de laquelle on avait arraché le christianisme, sans pouvoir en extirper la plus profonde racine, le principe de l'égalité universelle. Ce principe, dont ils avaient perdu le sens catholique, ils l'appliquèrent dans le sens rationaliste et par la violence. Au lieu de faire redescendre, ou mieux remonter, sous le niveau de la justice évangélique, la royauté, le sacerdoce, la noblesse, la propriété, la famille, on les abattit sous le niveau sanglant de la justice dite populaire. On travailla au nivellement général, sous les auspices de la déesse Raison, et le bourreau moissonna les têtes qui dépassaient la mesure des divers arpenteurs de la République.

Mais s'il avait beaucoup grandi dans les idées et dans les mœurs, sous l'absolutisme d'un seul, soit la césarolâtrie, le communisme, pour s'implanter dans les institutions, avait besoin de la statolâtrie, c'est-à-dire de l'absolutisme monarchico-constitutionnel, qui dit : L'État ne cesse pas d'être tout-puissant, mais ce n'est plus un homme, c'est la nation affranchie,

se gouvernant elle-même de concert avec son chef,
le roi. Et ceux qui parlèrent ainsi eurent l'art de
confisquer l'État et d'exclure du gouvernement et le
roi et la nation.

CHAPITRE V.

Nécessité de disséminer le pouvoir. — Inconvénients de sa concentration dans une classe. — Origine du régime constitutionnel.

Écoutez bien ceci, peuples qui entrez dans la voie des libertés politiques !

Quand, par ses abus, la monarchie pure vous oblige à diviser la trame du pouvoir, laissez-en assez dans la main du monarque pour qu'il ne soit pas un fantôme, et effilochez si bien le reste, qu'il en arrive un fil à chaque citoyen sans distinction de rang ; faute de quoi vous ne feriez que substituer au despotisme héréditaire, le despotisme le plus inhumain, le plus dévorant, celui qui voyage de main en main dans le cercle d'une classe.

La position élevée et indépendante d'un monarque, des antécédents de famille féconds en leçons salutaires, la responsabilité inévitable de ses actes au tribunal de l'opinion publique et de l'histoire ; enfin, indépendamment des motifs religieux, l'avenir et l'intérêt

évident de sa famille, tout, s'il a reçu du ciel une
âme et qu'elle ne se soit pas éteinte dans la mollesse,
tout lui fait un devoir de se montrer juste, impartial,
soigneux des intérêts généraux et de l'honneur de la
nation.

Mais le gouvernement aux mains d'une classe,
c'est l'avénement successif et rapide au pouvoir d'individus sans précédents ni avenir qui les dirigent et
qui les lient. Ils arrivent là, quelques-uns avec des
théories ballonnées qui crèvent au contact des affaires ; la plupart avec les prétentions et les idées
étroites, exclusives, de la coterie qui les envoie ; tous
avec un fonds d'égoïsme, qui ne sort du *moi* que
pour aller au *nous*, qui ne voit de nation que dans
la classe gouvernante, et traite tout ce qui est au-
dessus et au-dessous en contribuables taillables à volonté. Comme ces rois impromptu ne comptent pas
sur le lendemain, et que leur responsabilité n'est
qu'une fiction, ils saccagent le présent avec une cu-
pide et sauvage imprévoyance.

Vous qui, par le nombre et par votre moralité,
formez la majorité réelle et la partie la plus saine de
la nation, petits propriétaires et bourgeois des villes
et des campagnes, artisans et travailleurs honnêtes,
vous seriez sans doute les plus propres à donner au
gouvernement ses conditions essentielles : simplicité
dans la forme, libertés larges, économie sévère. Mais
il faudrait pour cela ne prendre conseil que de votre
bon sens, de votre droiture, et vous tenir en garde
contre les manœuvres des fripons qui, après vous avoir

enivrés de mensonges et de flatteries, vous font faire
d'étranges calculs (1).

Aux approches des élections, ces gens-là, trop dé-
criés dans leur classe pour y exercer quelque influence, s'abattent sur les bourgs et les campagnes.
Vous êtes la majorité, disent-ils, le gouvernement
vous appartient de droit : la noblesse et la bourgeoisie
vous exploitent ; nous sommes, nous, les amis du
petit peuple ; donnez-nous votre suffrage ! Si vous les
écoutez, ils se serviront de votre mandat pour démolir
à leur profit royauté, noblesse, bourgeoisie, et vous
n'aurez fait qu'élever au-dessus de vous un peuple de
voleurs.

(1) Donnons quelques exemples. — Les masses ont un ami
éclairé, dévoué à tous leurs besoins, s'associant à toutes leurs
misères, ami de la veille, ami du lendemain, vivant et mourant
au milieu d'eux, mais ami peu flatteur, obligé qu'il est de faire
la guerre à tous les préjugés, à tous les vices. On leur dit : Si
vous voulez entrer dans les voies du progrès, défiez-vous de
l'homme du clocher ! C'est l'espèce la plus encroûtée et la plus
avide de domination. Elle ne rêve que le rétablissement de la
dîme. — Le troupeau s'éloigne-t-il du berger en surplis, les
bergers en frac font rafle sur le trésor des vertus, et substituent
vingt dîmes très-réelles à la dîme fabuleuse.

Il y a un couvent dans ce bourg, dans cette campagne, foyer
de lumières, de bienfaits, grenier d'abondance dans les années
de détresse. Un industriel arrive. A quoi bon, dit-il, ce tas de
fainéants, de fainéantes, qui, par leurs aumônes, entretiennent la
gueuserie? Un atelier ferait ruisseler ici l'or et l'argent. — Le
couvent se change en atelier. L'argent ruisselle. Vingt ans après,
l'industriel, voyant ses coffres pleins, s'en va, et, s'il laissait

Ce n'est qu'en vous appuyant à ce qu'il y a de plus honnête dans la haute et moyenne bourgeoisie que vous échapperez aux exploitations de la vermine bourgeoise. Mais il ne faut pas abdiquer et dire : Travailler est l'affaire du peuple ! gouverner, l'affaire des messieurs ! Car le gouvernement seul des messieurs, c'est le despotisme très-poli dans la forme, très-brutal dans le fond.

Il y a sans doute de grandes lumières et de grandes vertus dans ce qu'on appelle le juste-milieu; mais c'est au suffrage populaire à les chercher et à les produire au grand jour. Abandonnez le pouvoir à cette classe, vous verrez que les grandes lumières et les

autre chose que la misère et l'immoralité, il serait urgent de fonder une prison pour les voleurs et un hospice pour les malades, pour les invalides et les enfants trouvés.

On dit aux fermiers et aux petits propriétaires : L'ombre des châteaux est funeste aux champs et à ceux qui les cultivent. — Les châteaux sont démolis; de jolies maisons bourgeoises les remplacent, et les successeurs des châtelains disent aux fermiers : Or çà, mes bons amis, la valeur des terres a doublé depuis que nous n'avons plus de châteaux; nous doublerons donc le loyer des fermes, et avec du travail, de l'économie, vous ferez encore de bonnes affaires. — Et les petits propriétaires, au lieu d'avoir dans leur détresse des prêteurs généreux, trouvent des prêteurs sur gages, dont ils deviennent bientôt les fermiers.

On dit aux ouvriers : Le bourgeois vous exploite. — On exploite la maison du bourgeois. Celui-ci s'enfuit en compagnie du travail. Pour rappeler le travail, on crée un bourgeois, et il se trouve que le bourgeois du lendemain exploite un peu plus que le bourgeois de la veille.

grandes vertus arriveront trop tard à la curée. Elles
sont naturellement casanières, amies du lieu où elles
naissent et grandissent, du cabinet et de la famille.
Le sceptre écherra donc à la tourbe des oisifs, des
ambitieux, des déserteurs du foyer domestique, de
quiconque se lève matin pour échapper aux somma-
tions de la justice, aux visites des créanciers, et a
besoin des affaires publiques pour relever ses propres
affaires.

Une fois au timon, ces messieurs savent s'entourer
d'une nombreuse clientèle et conquérir tout ce qu'ils
ont perdu et ce qu'ils n'ont peut-être jamais possédé,
crédit, fortune, confiance, même l'honneur. La vérité entravant aussi peu leur langue que la morale ar-
rête leur main, ils se rendront importants par leur
intarissable faconde à la tribune et par leur rouerie
dans les affaires. Comparé à ces aigles, l'homme de
vertu et de savoir ne sera qu'un niais, un incapable.

Si vous leur confiez jamais la mission de bâtir une
constitution, un plan de gouvernement, soyez certains que vous aurez une œuvre digne de leur esprit
théoriste, fortueux, formaliste, avocassier, grugeur,
mercantile, tracassier, souverainement faux et des-
potique.

Et n'allez pas croire qu'ils vous donnent cela gratis.
Pas un article qui ne vous arrache une liberté en
compagnie de quelques millions. Aussi économes que
libéraux, ils résoudront admirablement le problème :
Trouver le moyen d'obliger un peuple à payer

le plus cher possible la perte de toutes ses li-
bertés.

Bref, c'est à cette classe que l'on doit l'introduction
et le succès momentané du régime soi-disant représentatif, connu sous le nom de royauté constitutionnelle.

Je ne perdrai pas le temps à raisonner avec les
béats qui répèteront jusqu'au tombeau : Cette forme
de gouvernement nous vient de l'Angleterre, terre
classique de toutes les libertés !

— Je crois connaître assez, leur dirai-je, les institutions politiques de l'Angleterre et son histoire pour
vous affirmer ceci : Nos génies constituants n'ont fait
que détacher de l'arbre des libertés anglaises trois ou
quatre rameaux qu'ils ont plantés dans du papier et
arrosés avec de l'encre. Quant à l'arbre, resté là où il
avait ses racines, autant il promettait une abondante
moisson de libertés et de franchises à l'Angleterre, alors
que monarque, aristocratie, bourgeoisie et petit peuple le cultivaient en commun, au soleil de la charité
catholique, autant il a protégé de monopoles infâmes
depuis que, grâce aux orgies de la royauté antipape,
il est devenu propriété d'une oligarchie aristocratico-
bourgeoise.

Beau spectacle de liberté, en effet, que celui de
quelques milliers de grands seigneurs, de gros propriétaires, industriels et commerçants, travaillés du
spleen au sein d'un luxe asiatique, et ne sachant que
faire de leurs richesses, tandis que les bras tombent
à des milliers de fossoyeurs, ne sachant comment

couvrir de terre les cadavres que la faim leur jette par centaines de mille !

Que le catholicisme tarde trop à s'interposer entre ceux qui ont tout et ceux qui n'ont rien, vous verrez le chartisme communiste boire le sang en l'honneur de l'égalité là où le torysme boit l'or depuis des siècles en l'honneur d'une impitoyable liberté.

Jetons maintenant un coup d'œil sur les contrefaçons continentales des institutions de la grande île.

Les chartes constitutionnelles, prônées naguère comme le plus admirable effort de l'esprit moderne vers la conciliation des principes de l'ordre et de la liberté, sont visiblement en baisse. Avant qu'elles n'appartiennent décidément à l'histoire du passé, il est juste de solder leurs comptes en montrant à l'Europe les principes politiques dont elles étaient l'expression, et les magnifiques résultats que nous leur devons au point de vue de l'ordre et de la liberté.

CHAPITRE VI.

Autopsie des chartes constitutionnelles. — Coup d'œil
sur leurs tartuferies.

On a dit bien des fois du libéralisme constitutionnel, qu'il n'aime pas la religion ; tout au contraire,
il en raffole. S'il ne peut donner la religion pour
épouse à l'État, il veut au moins qu'elle soit sa protégée, sa favorite.

Ainsi, dans un pays dont la majorité est catholique, mais où il y a bon nombre de protestants,
d'israélites, jouissant de tous les droits civils et politiques, et membres de l'État au même titre que la
majorité, on écrira sans façon dans le pacte fondamental : La religion catholique..... est la religion de
l'État ! Ce qui est d'abord un mensonge solennel,
malsonnant pour la religion-vérité et blessant pour
les nationaux non catholiques, à qui on est censé dire:
Vous ne serez vraiment de l'État qu'autant que vous
serez de la religion du grand nombre.

— C'est là, direz-vous, un hommage rendu à la
religion de la majorité.

— Rien de plus faux : outre que le mensonge n'est

un hommage que pour l'erreur, il est clair que cet article n'était, dans le système, qu'une rouerie de procureur, une rivière de diamants au cou de la religion pour l'asservir et l'étrangler.

En effet, dans l'argot constitutionnel, l'État et le gouvernement étant choses identiques, la religion de l'État était la religion du gouvernement, soit du ministère ; et comme le droit constitutionnel veut que ce qui est du gouvernement soit soumis à la surveillance et à l'action des ministres de la majorité et marche dans le sens du parti ministériel, à peine de troubler la raison de l'État, soit la pensée des ministres, il en résultait que les affaires religieuses et ecclésiastiques étaient, comme toutes les autres affaires, matière sujette aux manipulations gouvernementales.

— On a donc bien fait de supprimer cet article et de dire : « L'État protége toutes les religions. »

— Oui, mais les procureurs de l'État protégeront vos religions comme ils protégent vos droits, vos intérêts, toutes vos libertés, en les faisant administrer par leurs gens, par la valetaille de leurs bureaux. Ces messieurs connaissent la valeur des mots. Ils savent que *protéger* veut dire *couvrir*, et pour *couvrir* les *religions*, ils jugeront fort naturel de les réduire sous leur main. Or, que peuvent sur l'esprit des peuples des religions qui s'offrent à eux sous le sceau d'une Majesté, soit absolue, soit constitutionnelle, et sous le contre-seing du président de son conseil ? Je n'imagine pas que le soleil puisse rien éclairer de plus vil, de plus méprisable.

4

Des mensonges religieux consacrés par les chartes, passons aux mensonges politiques.

« Le pouvoir (législatif) est exercé collectivement par le roi et deux chambres. » Autant de mensonges que de mots.

Le roi peut, comme moi, dire son avis aux ministres sur les lois à proposer ; mais voilà tout. Il est tellement annulé dans votre système, que la seule fois où il lui est permis de parler aux chambres réunies, les ministres doivent donner leur démission s'il change un seul mot au discours qu'ils lui donnent à débiter. Le trône parle, mais la pensée, la vraie, la seule pensée du trône, c'est la pensée ministérielle.

— Mais le roi nomme les ministres. — Autre mensonge. Nous savons tous que la majorité de la chambre gouvernante lui dit : Sire, signez cette liste ; sinon le pays vous abandonne !

Je dis la chambre gouvernante, car votre chambre des pairs, représentant ce qui n'est plus en fait et dans les mœurs, ce qui, en vertu du pacte fondamental, ne peut plus être ; savoir : une aristocratie réelle, ayant des intérêts distincts du reste de la nation ; votre chambre des pairs, dis-je, est une anomalie, une nullité, un mensonge flagrant.

Le pouvoir législatif réside donc en entier dans la majorité de la chambre élective. Et que représente cette majorité qui peut donner des lois à la nation, c'est-à-dire restreindre ses libertés ? Voyons, combien avez-vous d'élus ? — 400. — Majorité absolue, 201.

— Et qui a donné à ces 201 citoyens le pouvoir souverain de faire des lois ? Sur une population de 20, 30, 35 millions d'hommes, combien avez-vous d'électeurs ? — Trois cent mille. — Cent cinquante et un mille citoyens suffisent donc pour donner des législateurs, pour imposer leur raison et leur volonté à 20, à 30, à 35 millions de concitoyens ?

Et vous direz que ces 35 millions d'hommes jouissent de la liberté politique, parce que, sur 300,000 d'entre eux, 151,000 ont le droit de légiférer, de gouverner, et que les 149,000 autres ont le droit de protester !

Comment conciliez-vous cela avec votre loi fondamentale, qui déclare égaux devant la loi tous les citoyens ? Supposé qu'elle n'eût voulu étendre le bienfait du régime représentatif qu'aux chefs de famille, une population de 35,000,000 donnerait 7,000,000 d'électeurs. Et voilà votre loi électorale, laquelle ne peut être qu'une loi organique, qui réduit le nombre de 7,000,000 à 300,000.

— Mais le vote universel est une absurdité. — Nous verrons si c'est une absurdité pour la nation, ou si c'est seulement un grave embarras pour les flibustiers politiques. Moi, je dis que le vote de 300,000 citoyens, à l'exclusion de 6,700,000, est une iniquité révoltante ; et, dans des hommes comme vous, qui ont tant déclamé contre les inégalités sociales, contre les immunités, les priviléges, les exclusions, je dis que cette confiscation légale, au profit d'une poignée de citoyens, du plus important des droits politiques, est la plus effrontée des escobarderies..

Répèterez-vous ce qu'ont dit plusieurs des vôtres, que le cens est le meilleur thermomètre des lumières et des vertus nécessaires au législateur? Ce serait ajouter à l'iniquité une insulte à la Providence, à l'expérience et au sens commun.

Le résultat du système est donc de donner pour législateurs à la nation la coterie dite majorité d'une chambre, laquelle représente une coterie de la classe électorale, coterie elle-même presque imperceptible dans la nation.

Supposons que la coterie législative se compose d'intelligences d'élite, que pourra-t-elle faire? Une bonne loi, c'est l'expression, sur un point donné, de ce qu'exige ou défend le bien général de la nation, sans blesser les droits et les intérêts locaux et particuliers. C'est donc chose qui exige de longues et sérieuses études.

Or qu'est-ce qu'un ministère, chargé de présenter un projet de loi, doit étudier avant tout? Le besoin, le bien du pays ou l'esprit de la chambre? — Il est clair qu'il lui faut une loi qui passe, qui rallie les votes du centre; une loi pure de toute disposition qui donne à la droite et à la gauche le moyen d'entamer la majorité ministérielle, c'est-à-dire une loi nulle, ne protégeant hardiment aucun droit, aucun intérêt, parce qu'elle ne doit froisser aucun préjugé, aucune passion.

Évidemment, le pouvoir législatif est une arme aux mains des partis. Le ministère fourbit des lois, et l'opposition fourbit des amendements. Eh! mon Dieu, depuis quarante ans que nous assistons aux débats des chambres législatives créées par le constitutionalisme, ne savons-nous pas tous ce qui s'y fait? Quand les passions n'y joutent pas avec une scandaleuse violence, elles intriguent. Dans le tapage, le voile du bien public s'éraille et la corde paraît. Dans le calme, on rajuste les fils cassés, on reprend la trame des belles paroles; mais la corde reste : pouvoir, argent! argent, pouvoir!

« Au roi seul appartient la puissance exécutive; il fait la paix, la guerre, tous les traités, » etc. — Mensonges sur mensonges.

Si le roi s'avisait de faire une seule de ces choses autrement que sous la signature et responsabilité du ministère qu'on lui a donné, il violerait la constitution, déchirerait le pacte fondamental, perdrait par là même le privilége de l'inviolabilité; privilége qui n'est garanti par le pacte que sous la réserve que Sa Majesté s'abstiendra de toute intervention personnelle dans le gouvernement.

Et, à propos de la responsabilité ministérielle, n'est-ce pas là encore un solennel mensonge?

Pourquoi, parmi tant de lois inutiles sorties des fabriques constitutionnelles, celle-là, si nécessaire, a-t-elle été oubliée? Ah! c'est que, toutes les majorités qui se succèdent au timon imposant les mêmes volontés à leurs ministres, la majorité A ne peut reprocher qu'une chose à la majorité B, c'est d'avoir trop longtemps occupé le trône; crime dont elle se lave en se retirant.

4.

Et puis, quiconque a une idée des affaires que le char de la centralisation amoncelle journellement dans le cabinet des ministres, ne doit-il pas dire, s'il est chrétien : « Père ! pardonnez-leur, ils ne savent ce qu'ils font ? »

Il y en a qui s'imaginent bonnement que l'opposition défendra les intérêts du pays, réprimera les abus de la majorité dans l'exercice du pouvoir.

C'est une niaiserie. L'opposition se battra à merveille contre les ministres qu'elle n'aime pas, jamais contre le ministère qu'elle couve de l'œil. Elle ne peut le conquérir qu'en offrant une plus haute paye aux braves du camp ministériel. Il faut qu'elle leur dise : Vous servez des ingrats, des pince-mailles ; ouvrez-nous la porte, et vous aurez part au butin. Tout chef de l'opposition qui serait suspect de porter au gouvernement un plan de réformes et d'économies sévères, ferait horreur aux grands et petits vassaux du pouvoir et se verrait abandonné de ses propres soldats. Il ne s'agit pas pour lui de gagner la nation, mais de gagner la chambre, c'est-à-dire d'y former une majorité, et pour cela il faut qu'il dise à la majorité : Je ferai mieux vos affaires que le président du ministère actuel. S'il est cru, il ne reste plus au président d'autre ressource que de se retirer ou de faire appel à la classe électorale.

Prend-il le dernier parti ? Alors oui, ouvrez les yeux : la machine constitutionnelle va vous offrir le jeu admirable de ses grandes eaux.

Partout des flots de paroles harmonieuses ayant tou-

tes pour refrain : Bien public ! dévouement au pays !
dégrèvement du trésor ! meilleur emploi des finances !
réduction des salaires ! allégement des contribuables !
amélioration morale et matérielle des masses ! guerre
impitoyable à la corruption !

Et, pour ne laisser aucun doute sur la guerre à la
corruption, on mêlera partout aux flots des paroles
des flots d'or, d'argent, de cuivre, de fer, de houille,
de sel, de tabac, etc., car dans les hauts fourneaux de
l'élection toute matière est fusible.

Quelle que soit l'issue de la bataille, comptez que
vous aurez un ministère et une opposition dévoués
aux affaires du pays.

« Le roi nomme à tous les emplois, » etc., etc.
Encore un mensonge. La nomination aux emplois et
la création facultative de ceux-ci sont l'affaire des ministres; et c'est là indubitablement une effroyable
porte ouverte au despotisme et une flagrante contra-
diction avec le principe fondamental du régime représentatif, savoir : le gouvernement de la nation par
elle-même.

Comment concilier, en effet, cette liberté politique
qui fait de tous les électeurs d'une commune autant
de législateurs directs ou indirects, aptes à juger en
dernier ressort les plus hautes questions sociales, avec
un servage administratif qui leur interdit de faire
placer une tuile ou une ardoise au toit de leur église
ou de leur maison commune sans l'autorisation d'un
agent ministériel ? On leur reconnaîtra le droit de
sanctionner par leur vote les lois fondamentales de

l'État et de concourir à l'élection de son chef; mais
on réservera à un ministre, qui ignore peut-être leur
existence, et à ses gens, placés à la distance de deux
cents lieues, la réglementation de leurs moindres affaires, le choix de l'instituteur de leurs enfants, de
leur garde-champêtre, etc.

Quoi de plus compromettant pour les libertés politiques qu'une telle faculté laissée aux ministres !
Chacun doit voir que des électeurs enlacés ainsi par
la bureaucratie ministérielle ne jouiront pas longtemps
même du droit de vendre leurs votes.

Quoi de plus désastreux au point de vue économique ! Et, de fait, il faut convenir que les dilapidations
financières tant reprochées aux régimes antérévolu-
tionnaires n'étaient que des gaspillages en miniature,
si on les compare aux profusions constitutionnelles.
Alors un surintendant, un contrôleur des finances
avaient besoin d'occuper douze ou quinze ans le fau-
teuil pour détourner quelques millions au profit de
leurs maîtresses ou de leurs goûts princiers, et encore
au risque de passer, comme Fouquet, d'une chambre ardente dans une prison d'État. Aujourd'hui, un
ministre peut, en quelques mois, doter la ruche administrative de quelques milliers de frelons et grever
le trésor public d'une charge annuelle de douze ou
quinze millions, le tout impunément, l'opinion n'exigeant qu'une chose, qu'il n'exploite pas en personne.

Que ces contradictions théoriques et les monstrueux
abus qu'elles devaient enfanter aient pu échapper à
l'œil des doctrinaires constitutionnels, j'en doute.

J'inclinerais plutôt à croire, ce que j'ai dit plus haut, qu'ils s'étaient proposé de résoudre le problème : « Trouver le moyen de faire payer le plus cher possible aux peuples la perte de toutes leurs libertés. » Ce problème, nous allons voir avec quel bonheur ils l'ont résolu.

CHAPITRE VII.

Auto-da-fé général des libertés sous le régime constitutionnel.
— Ce que le communisme, la royauté et les peuples doivent
à ce régime.

I. Libertés religieuses. — Préparer les obsèques
du grand culte, et, par les soins et les égards dont
on l'entourerait à son agonie, se laver du reproche
d'avoir hâté sa mort; telle était bien, ce semble, l'idée
fixe de la plupart de nos penseurs politiques. Pour
que l'illustre vieillard ne s'avisât pas de démentir les
calculs du parti, la bureaucratie avait ordre de surveiller ses mouvements et de lui interdire tout exercice propre à retremper ses forces et à raviver son
influence sur les masses.

Que la coterie électorale, pour décider à qui elle
accorderait le droit d'exploiter la riche ferme de
l'État, donnât au pays, tous les quatre ou cinq ans,
le spectacle des plus basses et dégoûtantes manœuvres; que ses élus missent en péril l'ordre public et
l'avenir de la nation, par la violence de leurs ébats
parlementaires, par la multiplication des mauvaises

lois et l'effrayante progression du budget ; c'était là,
disait-on, une nécessité de l'époque, le vrai moyen
d'initier les peuples à la vie politique et de les prému-
nir contre le danger des explosions révolutionnaires.

Cependant, que les évêques, je ne dis pas d'un
royaume, mais d'une province ecclésiastique, eussent
voulu délibérer quelques jours en commun sur les
affaires les plus urgentes de l'ordre spirituel, conformément à l'usage immémorial de l'Église et à ses
prescriptions les plus expresses ; que, pour échapper
aux faiblesses de l'isolement, pour couvrir leur propre
responsabilité, pour méditer et introduire avec plus
d'autorité et d'ensemble les réformes et les amé-
liorations nécessaires dans la discipline particulière
des églises, dans les études et l'éducation cléri-
cales, dans l'exercice du sacré ministère, etc., ils
eussent sollicité le rétablissement des synodes provin-
ciaux et diocésains ; c'eût été, pour nos libérâtres,
une prétention intolérable et extrêmement compro-
mettante pour la sûreté de l'État. Le gouvernement
devait opposer une inflexible résistance à toute tenta-
tive de concert entre des fonctionnaires aussi excen-
triques, avides de domination et subissant les influences d'un prince étranger.

Que les sommités industrielles et financières se
coalisassent pour spéculer et exploiter en grand ; que
l'on s'associât pour réaliser d'énormes, de scanda-
leux bénéfices sur des travaux publics ruineux pour
les contribuables, et cependant votés et entrepris
avec une effrayante inconsidération ; cela était émi-

nemment digne d'un siècle de mouvement, de vie et de progrès, et le bien-être général devait infailliblement naître de ces sacrifices momentanés.

Mais que des prêtres, des fidèles de l'un et de l'autre sexe s'unissent pour travailler à leur propre sanctification, au soulagement des misères matérielles et morales du peuple ; qu'ils s'efforcent d'opposer aux fureurs de l'ambition, aux calculs inhumains de la cupidité et de l'égoïsme, à l'amour effréné des plus basses jouissances, le spectacle de ce que l'abnégation, le désintéressement, la mortification, le dévouement, l'amour de Dieu et des hommes ont de plus touchant, de plus sublime ; que par leur influence sur l'esprit des masses, ils calment l'effervescence de celles-ci et cherchent à préserver les coteries gouvernantes du baptême de sang provoqué par leurs scandaleuses orgies ; voilà qui n'est plus de notre siècle.

Associez-vous pour exploiter et accroître la licence publique par l'immoralité de vos spectacles et le cynisme de vos feuilletons, à la bonne heure ; le gouvernement pourra vous subventionner. Mais mettre en commun vos lumières, vos vertus et vos biens pour reporter l'esprit du peuple vers une société meilleure que celle que nous lui offrons, c'est chose suspecte à l'État ; et s'il n'y met pas un invincible obstacle, il doit au moins limiter la portion de votre fortune destinée à une aussi bigote entreprise.

II. Liberté d'enseignement. — De tous les monopoles créés par le despotisme moderne, il n'en est pas de plus sacrilége, de plus immoral, de plus injustifiable sous tous les rapports que celui de l'éducation de la jeunesse.

Comment a-t-on osé dire si longtemps aux pères et mères de famille : A vous de mettre au jour des enfants, de pourvoir aux frais de leur éducation et à leur avenir matériel ; mais sachez que du moment où leur âme s'ouvrira aux lumières de la vérité et aux inspirations de la vertu, ils seront propriété de l'État, c'est-à-dire du ministre de l'instruction publique ! A cet autocrate et à ses gens de décider souverainement quel genre de soins physiques et moraux recevront vos enfants, à quelles mains ils seront confiés, depuis la modeste salle d'asile jusqu'aux établissements d'instruction supérieure. A eux la tâche de marquer la jeunesse *à l'effigie de l'État*, c'est-à-dire au coin de leurs propres goûts et inclinations en matière de religion et de morale !

Que n'a-t-on pas dit des *lettres de cachet*, c'est-à-dire de ces signatures royales à l'aide desquelles on enlevait autrefois un individu à sa famille et on le détenait durant quelques mois ou quelques années, tout en lui laissant la liberté de ses opinions ? Toutefois, cet abus est-il comparable au droit octroyé à un ministre d'enlever aux sollicitudes de la famille toute la jeunesse qui ne veut pas rester dans la classe des parias, et de l'embastiller, durant dix à douze ans, dans des écoles où son âme ne recevra que la juste mesure de vérité et d'erreur, de vice et de vertu qu'il aura plu à S. E. en son conseil de lui assigner ?

Quand la liberté ne sera plus un vain mot pour

l'opinion publique, on ne comprendra pas comment
des gouvernements soi-disant libres ont pu s'attribuer
un droit si effroyablement abusif, et le paisible exercice de ce droit paraîtra fabuleux.

III. Libertés politiques. — Inutile d'insister sur
cette matière après ce que nous en avons dit dans le
chapitre précédent. Observons seulement ce qu'il y a
de prodigieusement comique dans ces contrats passés
entre les gens de l'État et les peuples, par-devant les
rois notaires, sous la dictée des libéraux constitutionnels.

Le peuple contribuable, en qualité de constituant,
était censé dire aux ministres : N'oubliez jamais que
je suis libre ! vous ne serez que mes mandataires, et
je vous donnerai pour contrôleurs et surveillants mes
députés et mes journalistes. — Soit, répondaient les
ministres ; mais tu nous donneras des fonds suffisants
pour acheter députés, journalistes, et nous pourrons
créer autant de salaires qu'il en faudra pour imposer
silence à ceux qui nous crieraient : Grugeurs du peuple, pourquoi tant de salaires ! —Peuple, crois-nous,
accepte, disaient les avocats électeurs ou éligibles ;
tu es assez intelligent pour voir que les députés et les
journalistes, étant les hommes de ton choix, seront
toujours les organes du pays , quels que soient leurs
dires ; et les salaires, n'allant pas à l'étranger, feront
circuler l'argent dans le pays.

Le peuple contribuable, si bien conseillé, ne ré-
pondait mot ; le royal notaire se levait, donnait acte
aux parties de leurs dires, prélevait ses honoraires,

et allait courre le cerf. Les gens de l'État se rendaient à la foire, la bourse du peuple au poing, et, attendu qu'ils avaient le monopole de l'achat, le bétail électoral était à leur discrétion.

Et le peuple ? — On lui envoyait les garnisaires quand il n'usait pas de la liberté de payer ses grugeurs et leurs avocats.

Peuple contribuable, si ton éducation politique n'est pas achevée après une telle comédie jouée trente-cinq ans en deux actes, quel nom veux-tu que je te donne ?

IV. Libertés administratives. — Après les libertés de l'âme, de la conscience, de l'éducation, de la famille, les libertés administratives de la commune, de la province, seraient, ce semble, les plus naturelles, les plus nécessaires au peuple, celles qu'il convoite le plus et dont l'exercice, parfaitement à sa portée, l'initierait le mieux à l'usage des libertés politiques. Mais, aux yeux de la bureaucratie ministérielle, c'est là une grave erreur. Ces génies de l'écritoire vous apprendront comme quoi le peuple des provinces et des campagnes est un ramas d'imbéciles, de sots et de fripons absolument incapables, et que lui laisser la gestion de ses intérêts ce serait livrer les communes, les provinces à un affreux gaspillage, à une indicible anarchie.

L'ordre public et l'intérêt des localités exigent donc impérieusement que toutes les affaires, depuis les plus importantes jusqu'aux plus minutieuses, soient confiées sans réserve à cette admirable armée bureaucratique, qui renferme dans son sein tout ce qu'il reste de lumières et de moralité dans le monde, comme il appert. A ces janissaires du génie centralisateur le talent des talents, ce qu'on appelle la *triture des affaires !*

Figurez-vous, en effet, une longue chaîne de machines superposées les unes aux autres, et formant par leur engrenage ce mécanisme administratif qui fait affluer les affaires et l'argent du pays dans les bureaux ministériels. Si les machines supérieures sont, en général, polies et froides comme l'acier, celles qui portent immédiatement sur les épaules du peuple sont raboteuses comme du fer fondu, et transmettent avec usure aux administrés la pression qui leur vient d'en haut. Le plus mince employé de cette valetaille vient donc, au nom de l'État, arracher aux mains d'un conseil de commune l'affaire la plus simple pour lui faire remonter la chaîne. Chaque rouage la maltraitant, l'affaire arrive broyée au grand laboratoire : on la jette en poussière dans les hauts fourneaux ; il en sort un lingot d'argent que l'État garde, et l'on renvoie le résidu à qui il appartient.

Ces fonctionnaires-machines, outre leur habileté dans le maniement des affaires matérielles, rendent aux ministres un service plus précieux encore en leur recrutant des députés dociles, qui aillent dire aux chambres : Peuple, tes affaires vont bien, très-bien ! Si tu veux qu'elles aillent mieux encore, conserve précieusement tes hommes d'État, et permets-leur d'ouvrir quelques crédits supplémentaires et d'ajouter une centaine de millions à ton budget.

Que si les machines ministérielles négligent de peupler les chambres de leurs semblables, ou que, allant elles-mêmes aux chambres, elles osent faire acte d'indépendance, on leur dit : Par votre opposition vous compromettez traîtreusement la vie de l'État, qui vous salarie. Pour que l'unité gouvernementale ne soit pas brisée, nous vous brisons !

Voudriez-vous bien nous dire, messieurs les champions du régime constitutionnel et de ses monopoles, où s'était réfugiée la liberté, à l'ombre des trônes constitués par vous et pour vous seuls?

Pas parmi le peuple des contribuables, réduit au plus humiliant servage : cela est évident. Serait-ce dans le sérail administratif, dans cette longue file de fonctionnaires muets, n'usant de leur raison que pour appliquer la pensée ministérielle, n'élevant la voix que pour répéter l'ordre parti d'en haut, ne pouvant hasarder une remontrance sans être suspects de sédition; peuple d'ilotes employés à gratter du papier, à rançonner, à garrotter, au nom de l'État libre, la masse de la nation occupée à cultiver la terre, à transporter, à perfectionner les produits de cette mère commune des États? Non, je ne vois pas l'ombre de la liberté dans cette chaîne composée de matière destituable, triturable au gré d'une coterie dite l'État.

Enfin, cette liberté se trouverait-elle, pourrait-elle se trouver dans le divan ministériel où aboutissent, sous forme de soucis lancinants, tous les fils de l'immense mécanisme ? Le ministre, tel que vous l'avez fait, en voulant qu'il fît tout, n'est-il pas l'ilote des ilotes ?

Admirons ici une belle loi de la Providence. Dieu a voulu que la liberté fût comme l'air, qu'on en jouît en commun. Celui-là s'asphyxie, qui veut en priver ses entours.

Abusant du mot divin de liberté, comme jamais peut-être on n'en avait abusé, et confondant la centralisation politique, qui est la vie d'un peuple, avec la centralisation administrative, qui en est la ruine et la mort, vous avez échafaudé sur les épaules des peuples qui avaient brisé le sceptre de l'absolutisme royal, le plus lourd, le plus absurde, le plus dévorant des despotismes, ne laissant pas même à vos sujets l'unique bien de la servitude, le repos.

Vous dites que vous n'avez rien fait pour le communisme ? — Soit, dans votre intention ; mais en réalité, que lui avez-vous laissé à faire ?

— Du moins, direz-vous, nous avons respecté, fait respecter le droit de propriété et le lien conjugal.

— Que dites-vous là ! Le premier intérêt du propriétaire n'est-il pas que sa propriété soit franche d'hypothèques, qu'elle ne soit ni aux créanciers, ni à l'État, mais à lui, et qu'elle lui offre un revenu proportionné à la valeur du fonds et à la somme du travail ? Or, par les charges dont vous avez accablé la propriété foncière et par votre stupide mépris de l'industrie agricole, quel est le sort que vous avez fait à la classe immense des propriétaires, surtout aux petits, toujours associés aux frais de l'État et n'en partageant jamais les bénéfices ? Ne sont-ils pas réduits à l'état de misérables fermiers ?

Et quand, après avoir trempé de ses sueurs une terre dont l'État dévore les fruits, le cultivateur, l'ouvrier rentre sous son toit, là, du moins, peut-il dire : Je suis chez moi ? Non certes ; l'État est à la porte pour exiger un péage, aux fenêtres pour tarifer l'air et la lumière. Il inventorie le mobilier, suppute les têtes, jauge les tonneaux, mesure avec les doigts d'une marâtre le sel nécessaire au potage, aux bestiaux, le tabac dont l'usage console et récrée l'ouvrier. L'État est là pour griffer les successions à chaque mouvement, même de père en fils ; pour apposer des scellés là où il y a quelque chose, non à garder, mais à prendre.

Va-t-on à la maison de prière ? Elle n'est ni à Dieu qui y réside, ni au peuple qui l'a bâtie : elle est à l'État qui daigne la prêter pour le culte, et peut la fermer ou la mettre aux enchères quand il lui plaira.

Va-t-on à l'hôtel de ville ou de la commune ? On est encore chez l'État, et c'est là que trône le maître qu'il impose à la commune. Avez-vous une maison de charité, un hospice, un hôpital, une institution quelconque de bienfaisance, choses peu analogues au caractère de l'État ? Il faut qu'il l'administre et le triture. S'il aime à ronger gros, il ne dédaigne pas de ronger petit ; il a des rongeurs de toute taille.

Une âme charitable accouche-t-elle d'une bonne

œuvre, et d'autres âmes se joignent-elles à la mère
pour élever et doter cet enfant? Au bruit des écus,
l'État arrive : — Mais que faites-vous là, mesdames
et messieurs! Ceci a un caractère de publicité qui le
place sous mon domaine. On a beau protester, l'aigle
emporte l'enfant dans son aire et le confie à ses aiglons.

Bref, l'État est tout, a tout, fait tout; il élève les
enfants, il nourrit les pauvres, il assiste les malades :
affaires générales et particulières, intérêts publics et
privés, associations religieuses, savantes, commer-
çantes, industrielles, il enlace, il domine, il régle-
mente, il étouffe tout dans les plis et replis de sa chaîne
bureaucratique. Il s'empare des grands capitaux par
les emprunts, des petits par les caisses d'épargne, de
l'industrie par les mines : routes, ports, canaux, travaux publics, chemins de fer, tout est de son ressort;
et si ses vexations vous font jamais perdre la tête et
prendre le chemin de la rivière, c'est encore dans son
eau que vous expirerez.

L'expropriation des citoyens au profit de l'État est
donc universelle : impossible au communisme de
l'étendre davantage; seulement, il pourrait la rendre
un peu plus absolue.

Quant au mariage, que les législateurs et les gouvernants du passé ne viennent pas nous vanter leur
respect pour cette institution. Qui donc a fait de tout
ce qu'il y a de plus sacré, de plus grave, un jeu, une
bagatelle, sinon les bénéficiers de ces constitutions
soi-disnt libérales, écrites au profit de leur ambition,
de leur rapacité et de leur libertinage? Est-ce l'hon-

nête père de famille, de quelque condition qu'il soit, est-ce l'homme du peuple, le cultivateur, l'ouvrier, qui demande la faculté de jeter à la rue la mère de ses enfants? A-t-il le temps de s'enquérir, lui homme de travail, si la femme du voisin a plus de fraîcheur et moins de vertu que la sienne?

Le divorce, avec ce qui le précède, et le communisme, qui est sur les talons du divorce, ne sont-ils pas fils des œuvres encore plus que des idées des statolâtres forcenés qui, pour régner en paix sur un peuple de parias, s'efforçaient de l'avilir et de le corrompre en lui arrachant ses convictions religieuses?

Concluons.

Qu'est-ce que le régime constitutionnel avec ses monopoles et sa confiscation de toutes les libertés et de tous les droits au profit du gouvernement?

— C'est l'affaire d'une coterie d'industriels qui disent : Nous ne pouvons exploiter le pays à découvert sans le soulever contre nous. Il nous faut donc un chef dont le nom soit populaire, mais un chef sans pouvoir réel, un roi qui règne et nous laisse gouverner.

Quel est le résultat de ce gouvernement?

— C'est de perdre irrémissiblement la royauté qui couvre de son ombre les exploitations des industriels; c'est de livrer aux exploitations communistes l'honnête bourgeoisie; c'est de faire payer largement au petit peuple les frais d'exploitation des industriels et des communistes; en somme, c'est la route royale de la barbarie.

5.

Comment éviter ce malheur ?

— Là où la royauté n'est plus, il faut que tous, bourgeois et peuple, acceptant franchement le principe d'égalité, partagent en bons frères la succession, et se concertent pour donner à leur gouvernement les chaînes que les gouvernements ont jusqu'ici fait porter aux peuples.

Là où la royauté subsiste et doit encore subsister, il faut que noblesse, bourgeoisie, peuple, abjurant leurs misérables rivalités et ne faisant qu'un, s'entendent avec le pouvoir royal pour évincer les industriels et constituer le gouvernement seul désormais acceptable; savoir : une monarchie assez largement républicaine pour consacrer le règne de toutes les libertés et prévenir les excès du pouvoir, et une république suffisamment monarchique pour conserver l'ordre et la stabilité.

Pour cela, il y a un grand abatis à faire dans la forêt des préjugés politiques. Commençons par y faire une trouée.

CHAPITRE VIII.

Leçon préliminaire d'un catéchisme politique.

D. Qu'est-ce que l'État?

R. C'est la masse entière des citoyens, mais une masse organisée, vivante : c'est la nation constituée, soit la nation couronnée, servie et gouvernée, conformément à ses lois, par un chef héréditaire ou électif, roi, empereur, président, consul, doge ou landamman, etc., à l'aide de ministres assistés ou non assistés d'un conseil, contrôlés ou non contrôlés par des chambres, mais toujours responsables ; c'est la nation défendue par un bras armé, nourrie par l'autre bras appliqué à la culture de la terre et à l'exercice de tous les arts.

D. A qui donc appartient-il de s'appeler l'État?

R. A la nation seule en corps. Tous les citoyens font également partie de l'État ; ils ne diffèrent entre eux que par le mérite, par la fortune et par les fonctions qu'ils remplissent. Si jamais fonctionnaire ou classe de fonctionnaires s'avise de dire formellement ou implicitement : L'État, la nation, c'est moi, c'est nous ! il faut que la nation, les fixant d'un œil sévère, leur dise : Gare à vous ! Puisque le pouvoir vous fait tourner la tête, nous vous inviterons à descendre.

D. La majorité ne représente-t-elle pas l'État, et n'a-t-elle pas le droit de gouverner?

R. Non; ce principe de l'absolutisme constitutionnel n'est au fond que le droit sauvage du plus fort. La majorité ne peut représenter ce qu'elle n'est pas, le tout de la nation. Elle n'a sur la minorité que la prépondérance du nombre, de la force matérielle; or le nombre et la force ne constitueront jamais que le droit des brigands qui disent aux voyageurs : Vous le voyez, nous sommes en nombre, bien armés, soumettez-vous donc, sinon!

D. Vous faites donc une différence entre le droit et la force?

R. Oui, une différence très-grande, et qui ne la ferait pas serait-il bien un homme?

Le droit s'adresse à la raison, à la conscience, et leur fait dire: Cela est vrai, cela est juste; il y aurait mauvaise foi à le nier, injustice à le refuser.

La force lève le bâton ou l'épée et dit : Fais ce que je te commande, car je suis le plus fort.

Avec un droit reconnu de tous, et un peuple raisonnable et vertueux, on pourrait se passer de la force; on aurait le plus beau, le plus libre des gouvernements, le gouvernement moral; chacun se dirigeant par la connaissance et l'amour de ses devoirs, respecterait par là même les droits de tous et concourrait au bien général.

Avec la force seule, on n'a jamais que le régime des brutes : despotisme de fait dans les oppresseurs, despotisme en désir dans les opprimés. Les lions étranglent les tigres en attendant que les tigres étranglent les lions et s'étranglent entre eux.

D. Comme le gouvernement d'une nation, par les seules lois de l'ordre moral, tout désirable qu'il est, n'est pas encore praticable et ne le sera probablement jamais, il faudrait donc dans le gouvernement un juste mélange du droit et de la force ?

R. Non, certes, point de mélange ; mais le droit en tout, partout, avant tout ; ensuite la force, là où il y a résistance au droit.

L'homme étant un être moral, le pouvoir qui lui commande doit être avant tout moral, et lui dire : Voilà ce qu'exigent les principes de l'ordre et de la justice ; je te somme d'être raisonnable et juste ! Si la sommation est méprisée, le pouvoir dit aux agents de la force : Arrêtez-moi cet homme dont la raison est troublée, et ne le lâchez pas qu'il n'ait repris le gouvernement de lui-même.

La force ne doit jamais ni suppléer au droit ni suppléer le droit ; mais lui venir en aide.

D. A qui appartient-il de poser les principes de l'ordre social et du véritable droit public ?

R. A celui qui, après avoir posé la terre, y posa les hommes.

D. Vous voulez donc nous replacer sous la puissance de Dieu ?

R. Pas précisément nous y replacer, puisque, jusqu'à preuve du contraire, je crois que nous y sommes tous, depuis le ventre de notre mère jusqu'à la mort et par delà. Mais je dis que si nous ne recourons pas à la raison divine pour nous ranger à l'ordre et sauvegarder nos droits, la raison humaine fera ce qu'elle a toujours fait; elle nous ameutera les uns contre les autres, jusqu'à ce que les plus forts s'accordent entre eux pour dire aux faibles : Les droits sont pour nous, les devoirs pour vous; soyez soumis, travaillez, et nous vous conserverons à titre de machines utiles.

D. Les grands principes de fraternité, d'égalité, de liberté, ne sont-ils donc pas des vérités de raison?

— Hélas! non; ignoreriez-vous qu'ils sont totalement inconnus aux peuples dont la raison n'a pas reçu le supplément de l'Évangile? Allez dire aux Indous que les Européens sont leurs frères, issus du même couple; vous les ferez rire. Dites-leur que le brahme et le paria sont égaux; vous révolterez leur raison. Dites aux Turcs que l'homme, la femme ne peuvent jamais devenir la propriété de leur semblable; ils vous répondront, comme les anciens philosophes de la Grèce et de Rome, que, sans l'esclavage des deux tiers de notre espèce, la société est impossible.

L'homme, livré à lui-même, voit partout, de condition à condition, de peuple à peuple, de race à race, les caractères d'une profonde division et d'un antagonisme prononcé; comment voulez-vous qu'il croie à la fraternité universelle?

L'inégalité lui apparaît dans les corps, dans les es-

prits, dans la famille, dans la nation, dans l'ensemble
des peuples ; comment voulez-vous qu'il croie au principe de l'égalité universelle ?

Il voit partout les multitudes soumises, corps et
âme, à quelques hommes ; comment voulez-vous qu'il
croie au principe de la liberté de tous et en tout ?

La raison humaine a toujours conclu du fait au
droit, et dit : Cela a toujours été, cela est, donc cela
doit être. Dieu seul a pu dire : Cela ne fut pas dans
l'origine, cela est injuste ; détruisez ce qui est, et re-
venez à ce qui doit être.

D. Que la raison européenne ait reçu de l'Évangile
les grands principes de l'ordre social, d'accord ; mais
enfin ces principes ne lui sont-ils pas acquis ?

R. Je pourrais d'abord vous demander ce que c'est
que la raison européenne. Quel est son organe offi-
ciel ? Est-ce vous, est-ce moi ? est-ce telle école philosophique ou telle assemblée législative ?

Que les idées chrétiennes de fraternité et d'égalité
soient entrées dans la langue et l'esprit des peuples de
l'Europe, c'est certain ; mais, pour que ces idées
soient des convictions capables de déterminer des devoirs sociaux, ne faut-il pas une foi réelle au livre qui
seul donne à ces idées la valeur de faits indubitables ?

Comprenons bien ceci. Pour les croyants sincères
à la Bible, catholiques, protestants, israélites, n'importe, l'unité d'origine et de destinée de tous les hommes, et partant leur fraternité, égalité et liberté sous
la souveraineté de Dieu, ne sont pas des mots, des
idées en l'air ; ce sont des faits révélés, dogmatiques,

dont l'abandon constituerait le crime d'apostasie et les rendrait traîtres à Dieu et à leur conscience. Ces gens-là peuvent être opprimés, persécutés ; mais ils sont aussi incapables d'accepter l'esclavage que de l'imposer (1).

Quant aux philosophes sans convictions chrétiennes, les mots de fraternité et de liberté ne sont qu'un texte à l'usage de leur ambition ; ils les invoquent pour opprimer s'ils sont les maîtres, pour devenir oppresseurs s'ils sont les plus faibles.

D. Vous avez raison sans doute ; mais, en donnant pour base à l'ordre politique des dogmes religieux,

(1) « Si le despotisme, dit un écrivain non suspect en cette matière, n'est pas toujours contemporain de la chute d'une religion, il se présente souvent à la suite de l'incrédulité, qui détruit les cultes. Il a bon marché de l'homme dépouillé du sentiment religieux, qui est le palladium de sa grandeur et de son indépendance.

« L'incrédulité n'a aucun avantage ni pour la liberté politique, ni pour les droits de l'espèce humaine. Au contraire, elle peut frapper de mort des institutions abusives ; mais plus infailliblement encore, elle doit mettre obstacle à la renaissance de toutes celles qui préserveraient des abus.

« Si, par impossible, vous trouviez un tyran de bonne foi, il vous dirait qu'il aime mieux avoir à lutter avec l'incrédule, qu'il se flatte toujours d'acheter, qu'avec l'homme religieux, dont le salaire est un autre monde.

« Nous l'affirmerons donc hautement, l'époque où les idées religieuses disparaissent de l'âme des peuples est toujours voisine de la perte de la liberté. Des peuples religieux ont pu être esclaves, mais aucun peuple incrédule n'a pu être libre. »

(Benjamin Constant, *Du Polythéisme romain*, t. II.)

n'est-il pas à craindre qu'on ne le livre aux ministres de la religion ?

R. Non certes ; les dogmes religieux, surtout dans une religion aussi clairement formulée que l'est le catholicisme, sont la propriété de tous, des fidèles autant que du prêtre. On n'admet pas les faits dogmatiques (tous nos dogmes sont des faits) en vertu du sacerdoce ; mais on admet le pouvoir et la mission du sacerdoce en vertu des faits dogmatiques.

Et puis, qu'est-ce, après tout, que cette influence sacerdotale dont nos libérâtres constitutionnels faisaient un épouvantail ? Si elle est ce qu'elle doit être, religieuse et morale, et qu'elle se borne à faire connaître et aimer une religion qui tend à réconcilier les esprits et les cœurs par la communauté de pensée et la noble émulation des vertus, n'est-elle pas grandement nécessaire ? Qui pourrait s'en effrayer sinon ceux qui rêveraient encore une société assez docile à leur voix pour secouer le joug du Christ et accepter le leur ?

Enfin, cette crainte de l'intervention des prêtres dans l'ordre politique montrerait qu'on n'a pas idée de la différence essentielle qu'il y a entre la société religieuse et la société politique.

D. Faites-nous voir clairement cette différence.

R. La voici en peu de mots : La société religieuse est l'application à tous les individus humains du principe de la fraternité-égalité-liberté, en vue de leur éternel bonheur.

« Reconnaissez-vous pour frères ici-bas et aimez-

vous en Dieu et selon Dieu, si vous voulez que le
Père céleste vous reçoive dans sa gloire et vous
sauve du séjour de toutes les haines, de toutes les
divisions! » Voilà ce que le ministre de la religion doit
s'étudier à faire croire et pratiquer à tous les hommes.
Former le grand État religieux, hors duquel le mot
de fraternité universelle restera toujours incompris,
telle est la sublime et absorbante mission qu'il a re-
çue de Jésus-Christ.

La société civile et politique est ou doit être, pour
un peuple civilisé, l'application à tous les citoyens du
principe de la fraternité-égalité-liberté, en vue de
leur bien-être dans le temps.

« Constituons-nous et gouvernons-nous en bons
frères, soit pour résister aux attaques du dehors, soit
pour nous procurer l'ordre et le bien-être au dedans! » Voilà ce que doivent dire et ce qu'ont le
droit d'exiger tous les membres d'un État, élevés par
leurs convictions religieuses à la conscience de leur
fraternité et égalité morale devant Dieu, leur seul
père et maître suprême.

Dieu, ainsi que nous l'avons déjà observé (1),
n'ayant posé que les principes généraux de l'ordre
politique, abandonnant le reste au libre choix des
peuples, le droit de se constituer et gouverner en
conformité de ces principes est un droit national,
inhérent au titre de citoyen. Ce n'est qu'en cette
qualité que le ministre de la religion use de ses droits

_____

(1) V. plus haut, ch. ir.

politiques, et son vote n'a, comme les autres votes, que la valeur d'une simple unité dans l'urne nationale.

D. Vous admettez donc le principe de la souveraineté nationale?

R. Oui, mais dans le sens chrétien, le seul qui satisfasse la raison.

La souveraineté ou le pouvoir suprême, avons-nous dit, est chose morale, essentiellement distincte de la force et inséparable des principes du droit social. C'est la loi même de Dieu, qui, en éclairant les hommes sur leur origine, leur destinée et leurs mutuels rapports, les place sur le pied de fraternité, d'égalité et de liberté, et leur donne une règle commune des droits et des devoirs. Cette loi étant connue et acceptée de tous, du moins dans ses dispositions fondamentales, les droits que cette loi consacre sont acquis à tous et à chacun. Nul homme, nulle classe, nulle assemblée d'hommes, si nombreuse qu'elle soit, ne peut, ne pourra jamais ôter à ces droits leur caractère obligatoire. Fussé-je seul à les défendre contre l'univers entier, le droit et partant la souveraineté sont de mon côté; il ne reste à mes adversaires que l'emploi brutal de la force. Dix millions de décrets votés à l'unanimité par le genre humain et soutenus par un milliard de soldats sont impuissants à infirmer le moindre des droits que m'octroie la charte divine (1).

_____

(1) Rom., VIII, 31.

C'est dans cette croyance inébranlable au fait d'une loi sociale donnée par Dieu même ; loi supérieure à toutes les législations humaines et contre laquelle tout ce qui se fait est nul de plein droit, que gît le principe de la civilisation chrétienne. En dehors de cette croyance il n'y a de possible que le droit sous lequel ont vécu et vivent encore les nations non chrétiennes : Les faibles sont une proie livrée aux forts.

D. Sans doute, nul pouvoir humain ne peut abolir les principes sociaux posés par le christianisme ; mais s'ensuit-il que la souveraineté politique, c'est-à-dire le pouvoir de constituer et de gouverner une nation en conformité de ces principes soit la propriété de tous les citoyens ?

R. Oui, parce que la loi chrétienne, qui fonde le pouvoir, est donnée à tous, et que l'application à l'ordre civil des principes du droit chrétien est pour tous un devoir de fidélité envers Dieu, d'amour pour eux-mêmes et pour leurs frères. Au point de vue évangélique et rationnel, le droit d'une nation au gouvernement d'elle-même me paraît incontestable tant qu'on ne produira pas un titre authentique par lequel Dieu aurait inféodé à une famille ou à une catégorie de citoyens le droit de la gouverner.

La souveraineté, bien entendu, est une propriété nationale indivise et inaliénable : toujours par la raison que Dieu l'a attachée à sa loi, qui ne peut être ni partagée ni vendue.

D. Les fonctions politiques, surtout celles du législateur, exigeant une mesure peu commune de lumières et de sagesse, n'est-il pas clair que la plupart des citoyens sont incapables de les exercer ?

R. Oui, si vous parlez de l'exercice direct du pouvoir politique, et qu'il s'agisse d'un État quelque peu considérable ; mais le système représentatif fournit à tous le moyen de concourir au gouvernement par des hommes de leur choix et soumis à leur contrôle.

Quant à cette capacité politique soi-disant introuvable ailleurs que dans la classe des porte-plumes, définissons-la en peu de mots.

Attendu que le catéchisme chrétien offre incontestablement plus de lumières législatives et politiques que toutes les législations sorties du cerveau des sages de l'Égypte, de l'Inde, de la Grèce et de Rome ; attendu encore que la pratique des vertus chrétiennes présente plus de garanties dans un fonctionnaire que le talent de phraser en public et de bien grouper des chiffres, quelle serait chez un peuple la classe la plus capable de donner des législateurs et des fonctionnaires ? Ce serait indubitablement la plus chrétienne par l'esprit et le cœur.

Mais comme la religion chrétienne s'efforce de communiquer indistinctement à tous la même instruction religieuse et la même impulsion vers la vertu, et que si elle exige plus de science et de perfection de ses ministres, elle leur impose aussi des devoirs généralement peu compatibles avec les fonctions politiques, il suit de là qu'une nation chrétienne, pour échapper aux excès du pouvoir concentré dans les mains d'un chef ou livré aux coteries d'une classe, doit accorder à tous ses citoyens, non incapables par nature ou notoirement indignes, leur part légitime d'influence dans l'exercice de la souveraineté.

Mais pour qu'un gouvernement soit ce qu'il doit être, une affaire nationale, populaire, à la portée et au profit de tous, une grande simplification est indispensable dans le mécanisme gouvernemental ; et c'est sur quoi il me reste à jeter quelques idées.

CHAPITRE IX.

Ce que doit être une bonne constitution. — Libertés qu'elle doit garantir.

Pour devenir populaire, durable et laisser moins de prise aux roueries gouvernementales, une constitution doit être avant tout simple, naturelle, l'œuvre du sens commun, de l'expérience et de la bonne foi. Elle doit donc exclure les fictions politiques, substituer les réalités de la vie sociale aux abstractions des idéologues, et conquérir l'affection d'un peuple en lui offrant au plus bas prix la plus grande somme de liberté et de sécurité. En somme, une bonne constitution doit être la contre-partie du travail souverainement artificiel et artificieux de la plupart de nos constituants modernes.

Ceux-ci n'ont voulu voir dans une nation que des individus isolés, sans force et sans valeur, dont l'État, personnifié dans un gouvernement intelligent et fort, devait s'emparer pour en former un grand tout imprégné de sa vie, reflétant sa pensée et docile à ses impulsions. Et nous avons vu que cette idée, réalisée en grande partie par le mouvement centralisateur, prédispose admirablement les peuples aux triturations du communisme en les réduisant à n'être qu'une masse inerte mue par des demi-dieux appelés ministres, à l'aide d'une espèce de demi-hommes appelés fonctionnaires révocables.

Il est temps enfin que le bon sens et la religion, le cri de la nature et le sentiment de la dignité humaine fassent justice d'une utopie aussi folle qu'abjecte et désastreuse.

L'individu humain, isolé, sans force, sans valeur, est un être aussi chimérique et introuvable que son prétendu père, l'État, chargé de par nos idéologues de lui dispenser la vie et le mouvement.

Grâce à Dieu, nous naissons tous avec le sceau de la grandeur et de la majesté divine, empreint dans les nobles facultés qui font de nous des êtres moraux, intelligents et libres. Et ces facultés se développent à l'aide de sociétés d'institution naturelle ou divine, avec lesquelles nous entrons en rapport dès notre entrée dans la vie. C'est de la société religieuse que nous vient la lumière par excellence, qui, en nous éclairant sur le passé, le présent et l'avenir, nous élève jusqu'à Dieu et nous relie à tous les membres de la famille humaine par le sentiment de la fraternité. C'est dans la société domestique et dans les groupes de familles qui nous environnent, que nous trouvons le moyen de pourvoir aux besoins matériels de la vie.

En un mot, la grande association de l'État se compose d'une infinité d'associations distinctes, jouissant toutes de leur vie propre, et concourant, par le libre déploiement de leurs forces, au maintien et au développement de la vie générale. C'est dans l'union harmonique de ces organes, fondée sur la liberté réciproque de leurs mouvements, que consistent la puissance et le bien-être du corps social, et non dans une brutale unité donnant pour résultat l'atrophie des extrémités et une activité désordonnée au centre (1).

Dans ce grand organisme, quelle est la fonction du gouvernement? Ce n'est pas d'imprimer le mouvement, ni même de le diriger, mais de le surveiller, d'empêcher les conflits. Il ne faut pas que des ministres s'oublient jusqu'à prendre la nation, qu'ils ont l'honneur de servir, pour un corps sans âme. Loin de lui imposer leur propre pensée, ils doivent s'inspirer de la sienne. Chargés de pourvoir à l'exécution des lois, de soigner les intérêts généraux du pays, de

---

(1) « Ce qu'on appelle union dans un corps politique, dit Montesquieu, est une chose très-équivoque; la vraie est une union d'harmonie qui fait que toutes les parties, quelque opposées qu'elles nous paraissent, concourent au bien général de la société, comme des dissonances dans la musique concourent à l'accord total. Il peut y avoir de l'union dans un État où l'on ne croit voir que du trouble; c'est-à-dire une harmonie d'où résulte le bonheur qui seul est la vraie paix. Il en est comme des parties de cet univers éternellement liées par l'action des unes et la réaction des autres. » *Grandeur et décadence des Romains*, ch. IX.

6

veiller à sa défense au dehors, à sa tranquillité au dedans, il y a nécessité pour eux de s'en tenir pour tout le reste au droit de surveillance et de répression. Que si, changeant ce droit en celui d'ingérance et d'administration, ils veulent réglementer des affaires qu'ils peuvent bien regarder, mais qui ne les regardent pas; si, au lieu de laisser aux citoyens la paisible jouissance de leurs droits, le soin de leurs intérêts, ils veulent exercer ces droits, gérer ces intérêts; si, frappant d'interdiction civile la nation, ils la placent sous l'humiliante et ruineuse tutelle de leurs commis, il est clair qu'ils violent leur mandat, et que le pays doit leur dire : Retirez-vous !

C'est à prévenir ces excès du pouvoir et à corriger les gouvernements de leur fatale pente à l'omnipotence, que doit surtout s'attacher une constitution, en posant des limites infranchissables à l'action ministérielle et en garantissant à la nation les libertés suivantes.

I.

LIBERTÉ RELIGIEUSE.

La religion, pour exercer son influence salutaire sur un peuple, doit lui apparaître comme une œuvre exclusivement divine quant au fond et quant à sa forme essentielle.

La religion, c'est l'affaire de Dieu avec les âmes, laquelle ne peut être administrée que par des hommes acceptés à tort ou à raison, mais enfin acceptés par la conscience comme ministres du ciel.

La religion, c'est encore l'affaire du genre humain, le principe générateur de la sainte alliance des peuples, ceux-ci ne pouvant se reconnaître pour frères tant qu'ils ne se regarderont pas comme l'œuvre et les enfants du même Dieu.

On ne peut accorder à un gouvernement la faculté de réglementer l'affaire religieuse sans l'accorder à tous les autres. Dès lors, que devient la religion universelle? Le lien de la fraternité humaine est brisé, et l'idée même d'humanité disparaît.

Mais la religion n'est qu'une idée vague et impuissante si elle ne se réalise dans une société religieuse, si elle n'est mise en œuvre, conservée et propagée par un sacerdoce. La liberté de religion implique donc pour la société religieuse la faculté de se gouverner par ses lois, de vivre de son esprit, de se réunir, de s'associer; elle implique dans le sacerdoce le droit de se recruter, de se discipliner, de se concerter pour l'accomplissement de sa haute mission.

L'indépendance est indispensable au sacerdoce, et pour travailler à l'affranchissement religieux des peuples, condition *sine quâ non* de leur affranchissement politique, et pour remplir dans chaque État son rôle de moralisation et de pacification.

Chargé d'intimer à tous la loi de justice et d'amour, le prêtre est l'homme public par excellence, le centre, le point de contact de toutes les classes. D'autant plus puissant sur le monde que sa puissance n'est pas de ce monde, il doit rester au-dessus de la sphère où s'agitent les partis, dominer toutes les conditions par l'élévation de son caractère, les embrasser toutes par l'étendue de sa charité. Il ne peut servir efficacement la cause de l'ordre et du pouvoir contre les instincts anarchiques, et la cause de la liberté contre les entreprises du despotisme, qu'en se tenant à l'abri des influences du pouvoir.

Enfin, la manie du protectorat religieux a été trop funeste aux gouvernants, à la religion et aux peuples; il est trop antipathique à l'opinion publique, surtout là où il y a scission en matière de croyance, pour qu'une constitution ne le supprime pas, en prononçant l'incompétence du pouvoir politique en affaires religieuses, et en limitant l'action ministérielle à deux choses : 1° au droit de rappeler à l'ordre les dissidents, qui, peu contents de s'injurier, seraient assez déraisonnables pour vouloir se battre en l'honneur du *Prince de la paix* (1); 2° à l'obligation de dire à des époques fixes aux ministres de l'Église, du temple, de la synagogue, etc. : Fonctionnaires au département divin des âmes, voilà ce que la nation, notre gracieuse souveraine, nous ordonne de vous remettre pour votre entretien.

— Mais, dira-t-on, avec ce laisser-aller on verra renaître les luttes religieuses, et avec elles le fanatisme.

— Eh bien ! vous arrêterez le fanatisme persécu-

(1) Is., ix, 6.

teur et vous laisserez un libre cours aux luttes doctrinales et religieuses ; la lutte d'esprits vivants dans
le champ des croyances valant infiniment mieux, pour
un peuple, que leur fatal repos dans le sépulcre fa
geux de l'incrédulité.

Au reste, soyez sans crainte : des religions depuis
longtemps acclimatées dans un pays sont peu dispo-
sées à se battre autrement qu'à coups de langue et de
plume. Voulez-vous que ces combats soient pacifiques
et conduisent à l'union dans la vérité? Laissez le
champ libre aux partis. Que le pouvoir public écoute
s'il veut, mais ne dise mot; qu'il laisse voler d'un
camp à l'autre les raisons et les injures, car les injures
ont leur valeur dans les balances de l'opinion publique, et qu'il n'intervienne que pour réprimer la pro-
vocation aux violences.

L'unité religieuse est sans doute un des premiers
biens, la meilleure garantie de l'unité nationale; mais
quand un peuple l'a perdue, comment peut-il la re-
conquérir ? Par la liberté complète de discussion entre
les religions dissidentes sur le terrain de l'égalité légale. Là seulement la vraie religion peut triompher
de ses rivales dans les esprits qui la combattent faute
de la connaître, en déployant ses véritables titres à la
croyance, les priviléges qu'elle a reçus du ciel, à
l'exclusion des religions de l'homme; priviléges dont
le divin éclat frappera d'autant plus les regards, que
le pouvoir temporel, se tenant à distance, le ternira
moins de son souffle protecteur.

6.

II.

LIBERTÉ DE LA PRESSE ET DE L'ENSEIGNEMENT.

La liberté des opinions, de la presse et de l'enseignement est la conséquence inévitable de la liberté religieuse et de l'incompétence gouvernementale en matière de doctrine.

La censure préventive, chez un peuple qui n'est pas un dans la doctrine, ne serait qu'une arme aux mains des partis; arme hostile aux bonnes doctrines, soit que le gouvernement en entravât la circulation, soit qu'il les rendît odieuses en les protégeant; arme favorable aux erreurs, soit qu'il leur prêtât ses moyens secrets de propagande, soit qu'il leur accordât les honneurs de la persécution.

L'erreur est un mal sans doute, mal toutefois curable et qui laisse à l'âme un principe de vie, toute erreur impliquant une vérité; mais l'absence de doctrines vraies ou fausses, c'est la cessation de toute vie intellectuelle et morale; c'est l'animalisation d'un peuple.

Vous ne voudriez que des doctrines pures; mais où sont-elles, en dehors des articles du catéchisme chrétien universel, lesquels sont rejetés d'un bon nombre? Comme partout ailleurs l'ivraie se mêle au bon grain, en extirpant celle-là vous arracheriez celui-ci, selon la parole du Grand-Maître (1). La crainte de la maladie vous conduirait à la mort.

Donc droit de se produire au soleil de la publicité, pour toute parole dont un citoyen, offrant quelque garantie au public, assume sur lui la responsabilité.

Mais la faculté que l'on accorde à chacun de déverser sa pensée, ses sentiments, dans l'âme de tous ses concitoyens, et par là de les faire vivre de sa vie intime, comment la refuser au chef de famille envers ceux qui lui appartiennent à tant de titres ? A qui le droit d'enseigner, d'élever la jeunesse, sinon à ceux dont le cœur palpite d'amour à la vue de l'enfant, au père, à la mère, aux proches parents ? A eux le choix des maîtres dignes de les remplacer dans la charge des charges !

Le gouvernement, c'est-à-dire un ministre de l'instruction publique, un chef de bureau, père spirituel de toutes les familles ! chargé de marquer toute la jeunesse à l'effigie de la pensée nationale, laquelle n'est que sa propre pensée, supposé qu'il en ait une ! Ce ministre armé du droit de poursuivre et de punir quiconque offrirait une instruction plus saine, moins dispendieuse, plus conforme au désir des parents ! Voilà des prétentions inouïes, soit en pays d'inquisition, soit en pays infidèle, et qui seraient intolérables dans le gouvernement le plus dévot. Mais dans un gouvernement qui n'a pas, ne peut avoir officiellement aucune religion, un tel droit serait absolument inconcevable ; cette idée ne pouvait trouver place

(1) Matth., xiii, 30.

que dans un ordre de choses tombé justement sous les foudres réunies de Dieu et du peuple.

Qui ne le comprend ! La religion est l'âme de l'instruction. Sans elle point de grandeur, de force réelle dans les esprits, point de noblesse, de dévouement dans les cœurs. Les connaissances que l'intelligence acquiert sont des armes données à l'égoïsme ; car le cœur sans religion, c'est le pur égoïsme, le culte, l'adoration de soi.

L'instruction ne doit être que la religion unie à la raison pour habiliter la jeunesse à tous les devoirs de l'homme civilisé. La religion donne les motifs, l'instruction fournit les moyens. Si l'instruction est souvent moins que rien sans la religion, celle-ci ne peut rien sans l'instruction.

L'enfant est au premier qui l'occupe, à celui qui lui parle habituellement, aux exemples qu'il a sous les yeux. Si la parole, les exemples sont ceux, non de l'irréligion formelle, mais seulement de l'indifférence, la religion n'est plus qu'une étrangère froidement accueillie ; c'est une importune, une ennemie, si elle insiste.

Chez un peuple qui ne jouit pas de l'unité en religion, l'enseignement donné par l'État devrait s'abstenir de toute doctrine religieuse fixe, déterminée, pratique. Or, une doctrine vague, indéfinie, purement philosophique, ne pouvant déterminer aucune vue morale, il est clair qu'un tel système ferait bientôt de la jeunesse un troupeau d'individus dénués de convictions religieuses, de frein moral, une masse d'hommes sans âme, sans élévation, sans défense contre les séductions du vice, minés rapidement par les excès des basses jouissances, dévorés de la soif de l'or qui les procure.

Un tel système ne peut aller qu'à un peuple las de son existence.

— Mais le gouvernement ne doit-il pas s'occuper à faire de bons citoyens, animés du même esprit, dévoués à l'État ?

— Non certes, non ! C'est l'affaire des pères de famille. Quoique divisés sur quelques points de doctrine, ils ont la prétention d'être de bons citoyens, et ils réclament justement le droit de former leurs enfants à leur image. Le gouvernement n'est pas père, mais le protecteur des pères dans l'exercice de leurs droits, armé seulement du droit de répression en cas d'abus graves.

Quel esprit voulez-vous que le gouvernement donne à la jeunesse, puisqu'il n'en a pas, qu'il n'en peut avoir ? puisqu'il peut être aux mains, aujourd'hui, d'un croyant de telle religion, demain, d'un croyant de telle autre, après-demain, d'un incroyant bien avéré ?

L'esprit national et le dévouement à l'État ont leur plus forte racine dans les croyances religieuses, catholiques, protestantes, juives ; car toutes plus ou moins, quand elles sont sincères, attachent fortem ie au devoir, inspirent l'amour de l'ordre, le respect pour les droits d'autrui, et exaltent, au besoin, l'amour de la patrie jusqu'à l'héroïsme.

L'esprit national et le dévouement à l'État sont enfantés et nourris par le sentiment du bien-être, et de la liberté dont les citoyens jouissent dans l'exercice de tous leurs droits, surtout des droits de la famille et de la conscience.

— Mais, déclarer l'instruction totalement libre, sauf le droit de haute surveillance pour le gouvernement, c'est la livrer à l'influence cléricale, à l'esprit de clocher.

— Messieurs les champions du plus odieux des monopoles, voilà bien le fond de votre pensée. Vous avouez que l'esprit de l'immense majorité est diamétralement opposé au vôtre, et vous dites : Périsse la pensée nationale, et continuons à faire triompher la nôtre !

La masse de la nation, supposé qu'elle subisse l'influence du clocher, sera plus généreuse. Elle ne dira pas : Attendu que les majorités ont le droit de plier les minorités à leurs vues, la coterie qui nous a indignement privés jusqu'ici de la liberté de faire élever nos enfants, mérite bien que nous lui fassions sentir que le premier besoin d'un peuple est une instruction animée par le souffle religieux. Elle dira : Attendu que nous voulons la liberté pour tous, même pour ceux qui l'aiment le moins, tous les citoyens ont la pleine liberté de s'entendre, de se concerter pour la meilleure éducation de leurs enfants, et de la confier à des hommes de leur choix. Les administrations locales devront, à l'aide des fonds existants ou à créer, pourvoir dans un bref délai à l'érection et entretien d'écoles de l'un et de l'autre sexe, gratuites pour les pauvres. Ce ne sera qu'après les avoir mises en demeure de satisfaire à cette obligation, que le gouvernement y pourvoira d'office.

Avant qu'une nation se charge des frais énormes d'un enseignement gratuit à distribuer à tous par le plus incapable et le plus dépensier des entrepreneurs en cette matière, par son gouvernement, il est bon qu'elle essaie du régime de la liberté, et qu'elle ne confie aux soins paternels des gens de l'État que ceux de ses enfants à qui nul n'offrirait le pain sacré de l'âme.

C'est là, messieurs les partisans de l'État-pédagogue, une théorie passablement libérale et économique. Si elle avait pour résultat de donner un peu plus d'influence à la religion sur l'esprit et le cœur de la jeunesse, quel mal y verriez-vous donc? Après tout, il n'y a que deux esprits dans la société : l'esprit dont un enfant s'imprègne sur les genoux d'une mère chrétienne, en étudiant le catéchisme à l'ombre du clocher, et l'esprit du siècle, défini par un grand maître : « Corrompre et être corrompu, c'est le siècle (1). » Préférez-vous celui-ci pour votre famille? Vous êtes libres; mais laissez à vos concitoyens la liberté du choix.

III.

LIBERTÉS ADMINISTRATIVES.

Accorder à une nation la liberté politique et lui refuser les libertés administratives, ce n'est pas seu-

(1) *Corrumpere et corrumpi seculum vocatur.* TACITE.

lement, ainsi que nous l'avons dit plus haut, une insulte au sens commun, une violation du droit fondamental dans les citoyens de se gouverner, à plus forte raison d'administrer leurs affaires par eux-mêmes ou par des hommes de leur choix.

C'est, au point de vue financier et économique, blesser et compromettre une foule d'intérêts qui ne peuvent être bien traités que sur place par des hommes jouissant de la confiance des parties intéressées, agissant sous l'œil et le contrôle de leurs concitoyens. C'est faire peser sur le public les frais d'une administration aussi dispendieuse que tracassière.

Au point de vue politique, c'est miner dans sa base le patriotisme, qui vit avant tout de l'esprit de localité ; c'est charger le gouvernement de tout l'odieux des bévues et des vexations bureaucratiques ; c'est lui faire perdre l'affection d'un peuple devenu étranger à ses propres affaires.

La concentration de tous les pouvoirs dans quelques mains, en même temps qu'elle produit dans les masses un besoin de changement, attise dans les capitales le foyer des révolutions. Le ministère, la faveur d'un ministre deviennent le point de mire, l'unique aliment d'une infinité d'ambitions, d'ignobles, de criminelles manœuvres. Tel, qui se fût contenté de la première charge dans sa commune ou dans sa province, et qui l'eût remplie à la satisfaction générale, bouleversera son pays et l'exposera à une ruine complète par le désir de le gouverner.

Enfin, de quoi sont capables des ministres chargés

de toutes les affaires d'un État, obligés de signer de confiance les décisions et les instructions d'officiers subalternes? Quelle sagesse, quel discernement peuvent-ils porter dans le choix de tant de fonctionnaires, au milieu des intrigues qui les assiégent, et sous l'irrésistible influence du parti qui les a poussés au pouvoir?

Si un gouvernement croit se fortifier en s'entourant de légions de bureaucrates, il se trompe du tout au tout. Outre qu'en choisissant un employé sur cent solliciteurs, il fait quatre-vingt-dix-neuf mécontents, qui ne sait que la première religion de l'employé est le salaire?

Que la milice porte-briquet, à qui on mesure si court le pain dont elle vit et la paille sur laquelle elle dort, se fasse égorger pour l'honneur et la défense du drapeau qui a reçu ses serments, à la bonne heure! La milice porte-plume se réserve pour le service de l'État, n'importe lequel.

Un gouvernement n'est fort que par le pays, et le pays n'est fort que par de grandes libertés administratives.

I V.

LIBERTÉ POLITIQUE.

Pour que la souveraineté nationale ne soit pas une duperie, il faut que la constitution en mette l'exercice à la portée de toutes les classes.

Obliger la population laborieuse des bourgs et des

7

campagnes à des déplacements préjudiciables à ses travaux, et vouloir qu'elle délibère et vote sur des choses et des noms inconnus, c'est l'exclure en grande partie des élections ; c'est livrer celles-ci à des minorités ardentes et factieuses.

Le cultivateur et l'artisan sont casaniers par nécessité et par instinct. La liberté politique ne se les attachera qu'en se choisissant un temple dans chaque commune, en vue de leur chaumière, au lieu d'élever de rares autels dans les chefs-lieux de province et d'arrondissement, où elle ne se verrait entourée que d'une tourbe d'oisifs et d'intrigants.

Parmi les partisans du vote direct, les uns ne comprennent pas cela. Habitués aux scènes tumultueuses de la vie citadine et tourmentés du besoin de tuer le temps, ils trouvent que les joutes électorales sont un bon moyen d'arracher les campagnards à leur sauvagerie et de les initier aux bienfaits de la civilisation. Les autres savent très-bien ce qu'ils font en diminuant le nombre des centres électoraux. Ils ont à cœur d'écarter des opérations gouvernementales une masse d'électeurs paisibles, d'une moralité incommode, et, pour dire le mot, soumis à l'influence religieuse.

Cependant on ne fera rien de stable si l'on ne s'appuie sur cette masse, avec laquelle il est temps de compter si l'on veut éviter de terribles mécomptes.

Le suffrage universel, seule condition de salut pour la société et de vraie popularité pour le gouvernement qui en résulte, ne peut bien s'obtenir, du moins dans un État populeux, que par l'élection à deux degrés.

Mais quel doit être le mandat des élus de la nation? Est-ce de lui donner, durant quatre ou cinq ans, le spectacle de luttes parlementaires, de tournois politiques couronnés invariablement par des orgies financières? Est-ce de ruiner ses libertés et d'aggraver ses charges par la création indéfinie de nouvelles lois, de nouveaux salaires? Est-ce de lui apprendre qu'elle ne s'est affranchie du bon plaisir des rois que pour tomber sous la serre des porte-plumes, dans les coupe-gorges de la légalité et de la chicane?

Comment veut-on qu'un peuple chemine paisiblement dans les voies de la liberté, de l'égalité, de la fraternité, tant qu'il n'aura pas abandonné à la curiosité des érudits cet immense bagage de lois et de décrets dus aux légomanes du passé, et qu'il n'aura pas trouvé un frein aux légomanes du présent et de l'avenir?

L'incapacité législative d'assemblées nombreuses étant assez constatée par une longue expérience, il est évident qu'une législation simple, claire, impartiale, à la portée de tous, ne peut être l'œuvre que d'un corps législatif peu nombreux, s'inspirant de la pensée de la nation.

Au lieu donc d'une ou de deux chambres législatives envoyant annuellement au pays une grêle de lois à travers un torrent de discours, ne serait-il pas mieux d'en établir une seule avec voix consultative accordée aux conseils généraux des provinces?

Tout projet de loi médité et rédigé par le Conseil

d'État devrait être notifié d'abord aux représentations provinciales, soumis ensuite, avec les observations de celles-ci, à un corps législatif peu nombreux qui le discuterait avec maturité et le voterait sans frais d'éloquence.

Quoi qu'il en soit de cette idée, que je pourrai développer ailleurs, elle aurait l'avantage d'ôter au système représentatif, tel qu'il a été appliqué jusqu'ici, son plus terrible inconvénient, celui de compromettre l'existence d'une nation par l'appauvrissement des extrémités et l'accumulation aussi dangereuse qu'inhumaine, au centre, des éléments de la vie commune.

Les capitales n'échapperont au socialisme que par la réhabilitation des provinces. Le socialisme, je crois l'avoir démontré, c'est la centralisation.

FIN.

MÊME LIBRAIRIE.

Ouvrages du même Auteur.

SOLUTION DE GRANDS PROBLÈMES mise à la portée de tous les esprits, par l'auteur de Platon Polichinelle. Troisième édition, revue, corrigée et augmentée. 4 vol. in-8°. 12 fr.

DIVISION DE L'OUVRAGE :

Tome Ier. Premier problème : *Peut-on encore être homme sans être chrétien?*

Tome IIe. Deuxième problème : *Peut-on encore être chrétien sans être catholique?*

Tomes IIIe et IVe. Troisième problème : *La société peut-elle se sauver sans redevenir catholique?*

RÉFLEXIONS DE POLICHINELLE sur un souverain comme il y en a peu, et sur le discours d'un trône qui n'a pas son semblable. 1 vol. in-18. 2 fr. 50 c.

LETTRE A S. M. LE ROI DE PRUSSE, par Mgr RENDU, évêque d'Annecy. 1 vol. in-8°. 3 fr. 50 c.